神のみ実在する

五井先生かく説き給う

雄

白光出版

序文

宗教とは自己の本体、宇宙絶対者たる神を直接体験し、把握するところから始まる。

お釈迦さまは何も仏教と、のちになって呼称されたインドにおける新しい宗教を開こうなどとは、一つも思っていなかった筈だ。

イエス・キリストも同じだと思う。

たゞ自分が宗教そのものになっているから、この地上で、自分の覚得した真理を誰かに述べはじめた時点から、それぞれ宗教と呼ばれる道が生じた。

民衆を苦悩から救い上げようという菩薩心、慈愛の心から生まれ出たるもの、それがいわゆる宗教であり、道である。

五井先生も同じことだ。一つの宗教を立ち上げようなどとは、これっぽっちも考えてはいない。この身を神さまにささげ、神さまにいのちを使っていただこうと発心《ほっしん》し、人間の霊性《れいせい》、神性《しんせい》の探求に全身全霊を投じた。最初からいのちは投げ出していた。そしてついに神との一体観を感じ得、それを把握した。

つまり自己の本体を覚知したのである。

「想念停止（空観《くうかん》）は空《くう》そのものが終局ではなかった」と自叙伝『天と地をつなぐ者』の中

で五井先生はおっしゃっている。

空《くう》になる修行をしている人の多くは、色即是空《しきそくぜくう》で終わってしまって、というかエネルギーを使い果して次の空即是色《くうそくぜしき》に進んでいないように思われる。

空即是色の真意をほとんどの人が説いていないし、説いていても色即是空の空どまりで、それ以上の体験がないように思われる。実は、この先が一番肝要なのにもかかわらず、である。

五井先生の短歌に
我はたゞ空即是色天地《くうそくぜしきあめつち》に　世界平和の祈り声光《み》つ
という一首がある。

五井先生の体験は、空と切ったそのままが終わりになっていない。空と切ったところから、先生の道はスタートしているのである。

「空となった瞬間、真実の世界、真実の我が、この現象面の世界、現象面の我と合体して、天地一体、神我一体の我が出現してくるのである」

と自叙伝で説いておられる。

その状態というか、心境を「空即実相《くうそくじっそう》」とも表現し、空になってはじめて顕現してくるのが、己れのいのちの実相であり、その実相を実生活に現わしている姿が「空即是色《くうそくぜしき》」なのである、と説明している。

五井先生はご自分の体験から、自己の本体、真我とは、神我であり、自由自在なる本心であり、自己の内奥にひろがる無限なる世界の極致の一点から発する光であることを、ハッキリと知ったのである。

これから先生がハッキリと覚知されて説きはじめられたことの種々と、人生の働きについて書き綴ってゆきたい。

人間は今の現象に起っている様々な事柄の原因を、みな本当は知っている。知っているからこそ、今この人生においていろいろな人に出会い、現象、事件にあい、経験を重ねているのである。過去世の人生の軌道修正をしているのだ。

何を学び、何をするのがよいのか、魂は知っていて、人生を経験している。

自分は神の分霊《わけみたま》であり、神そのものであることを知っているのだが、それをハッキリと今の自分が自覚し、悟るまでに至っていないだけだ。

自分が神であること、光であること、永遠のいのちであることを学び、ハッキリ自覚した時、すべての記憶はよみがえって、それが神智《しんち》となり叡智《えいち》となり、人に対しては愛となり、癒しとなり、光となって人々を導くことになる。

今、それを私たちは納得しようとしている。

真実、知っていることを、すべてのすべてを知っていることを、統一を通し、祈りを通して、己れの中に思い出すことをしているのだ。

ハッキリと自分を思い出した時、すべては明らかになる。

神のみ実在する　五井先生かく説き給う　目次

序　文　3
第一章　私はハッキリと知った　9
第二章　世界唯一の霊光写真　25
第三章　柏手とお浄め　35
第四章　平和論と平和運動　83
第五章　本心と業想念を区別する　113
第六章　守護の神と法則の神　129
第七章　二つの永遠の生命観　143

第八章　消えてゆく姿で世界平和の祈り　153
第九章　悟りということ　175
第十章　霊覚と霊能と祈り　191
第十一章　宗教は「空《くう》」より出《い》づる　201
第十二章　地球自然界での人間の力と位置　215
第十三章　世界平和の祈りを祈る地球人と守護の神霊団体と宇宙天使群との三者一体による平和実現　225
あとがき　242

第一章　私はハッキリと知った

真実は、一人一人が光であり、一人一人が神であるので、一人一人が宗教そのものなのである。

五井先生と縁の深いものが、五井先生のもとに集まり、そして五井先生と共に歩むようになって、一つのグループが自然と出来上った。

五井先生は道の開拓者であり、先達《せんだつ》であり、また道そのものである。歩みつづける道程において、一人一人が五井先生の光に啓発されて、一人一人が神我を発揮してゆく、ということになっている。

強力なる磁石にひきつけられたもの自身、波長の似かよったもの自身が磁力化されてゆくのである。磁力化されてゆく道程において、一人一人がまた自分の道の開拓者となり、先達となり、後輩を導いてゆく。

五井先生は具体的にハッキリと、何を知ったのか？

知ったということは表面の知識として知ったことではなく、全身全霊で知った、把握したということである。知ったことと自分自身とが一体化して、そのものになったということである。

明らかに知ったということは、すべてが青天白日のもとにハッキリとしている、一つも曖《あい》昧《まい》なところがないことだ。あゝだろうこうだろう、というのではなく、そうなのだ、こうなのだ、と断定できる知り方である。

「自《みずか》ら知る者は明《めい》なり」と老子は言っているが、そういう知り方なのである。

表面意識から潜在意識から、その奥の無意識層そして元々の神意識に達する意識界全体の中で、疑うことが一つもなく、惑うことも一つもなく、すべての意識層がハッキリと知っているということである。

表層意識で知っていても、潜在意識に否定的想念があれば、潜在意識の否定想念によって、表層意識は簡単に否定されてしまう。どの意識層の想念も、すべてがイエスということになって、はじめてすべてが肯定される。

本当に知ったということは、すべての意識層の想念が一つ方向にむいて、反対するものが一つもないということである。だからその知ったということは強力なる影響力を発揮する。即ち光を放つ。人々を魅きつけ、人々を感化してゆく。

五井先生が「知った」ということは、どういうことであったのか、一つ一つご著書にあたって明らかにしてゆきたい。

「人間は神の子であり、神そのものでさえある」ということが『神と人間』に明記してある。『神と人間』は五井先生の書き下ろしの原稿であり、最初に出版された本である。

この本の中でさらに、

「人間は霊であり、肉体はその一つの現れであって、人間そのものではない。人間とは神の生命の法則を、自由に操《あやつ》って、この現象の世界に、形の上の創造を成し遂げてゆくものである、と識って、それを実行している人。この人は覚者であって、自由自在心である。即ち、個の肉体を持ちながら、みずからが、霊そのものであることを自覚し、その霊とは神そのものの生命であることを識り、神我一体観、自他一体観を行動として表現してゆく人である、例えば、仏陀、キリストの如き人びとである。真の人間を知るということは、神を知るということと一つである」

と知ったことを明記されている。

次に『天と地をつなぐ者』を見てみよう。序文に「私は自分の体験として……知った」という文章が書かれている。それを列記してみる。

一、肉体は人間の一つの器《うつわ》であることを、はっきり知った。

二、人間という者は霊そのものであり、魂魄《こんぱく》として肉体に働いているものであることも知った。

三、人間の本体である霊というものは、そのまま神であり、宇宙神の生命の動きのとおりに働きつづけているものであることも知った。そして、

四、人間の一分一秒の歩みでさえも、この大宇宙に影響があり、いかに大事であるかも知った。

五、人間が肉体のみを人間の全存在として生きるか、肉体を霊の器、神の器として生きるかによって、この人間世界が、そのまま天国ともなり、地獄ともなるものであること、

六、真といい、善といい、美というものすべて肉体にあるのではなく、その魂が、より神に近く、より人類愛的である時に具現されるものであることも知った。

六ヶ条に分けたのは私の勝手で、わかりやすくするためだが「知った」という文字を今書き写すたびに、何かわからないが、大きな重みを感じている。「知った」ということの凄さを感じている。

先哲の言葉とか教説によって知ったのではなく、自分自身が体をはって命がけで直接体験して、覚知したことが、どれほどの重さがあるものか。そこに計り知れないものがある。

その直接体験がどんなものであったのか。『神と人間』の中で、簡単に次のように記述しているので、ご紹介しよう。

「普通、人間は、常になんらかの想念が頭脳を駈《か》け巡《めぐ》っているのだが、私の肉体脳髄を駈け巡る想念《そうねん》は何もない。

私はかつて、一切の想念を断絶《だんぜつ》する練習を私の守護神から強制的《きょうせいてき》にやらされたのである。

それは、普通の座禅《ざぜん》や、精神統一の類《たぐい》ではなく、二十四時間ぶっつづけの練習《れんしゅう》なのである。

(このことについては、自叙伝《じじょでん》『天と地をつなぐ者』を参照されたい)。苦しいといえば、これほ

ど苦しいことはない。ものを想《おも》わぬこと、念を停止《ていし》すること、即ち空《くう》になる練習なのである。寝ても起きても、歩行《ほこう》していても、全時間、すべてこの練習なのである。この期間約三ヶ月、自我を全部滅却《めっきゃく》して、神我に変えたのである。

霊媒ならば、肉体を、その支配霊に他動的に委《ゆだ》ねて、自己の我は睡っていればよいのだが、私の場合は、自己意志《じこいし》で、自己の我を消滅し去ろうとするのである。いいかえれば、因縁《いんねん》の波動を超《こ》えて、自由自在になるための練習なのである」(『神と人間』より)

自己意志で自我を滅却するという修行を果して、神我を顕したという体験を通して、五井先生は人間の真実を知り、真理を大覚したのである。

人間は神から来たるもの

『霊性の開発』というご本の「本心の律動《ひびき》と業想念の波動」という章で、五井先生は、人間は神の光そのものである、とご自分の体験から、人間の本当の姿を強調されている。白光誌昭和三十一年二月号に発表された法話である。そこで次のように書かれている。

「私の体験としては」という出だしで、

「肉体界の他に幽界があつて、そこにも自己の想念があつた、ということが第一にわかり、第二に幽界よりもつと微妙な高度な界として霊界があり、そこにも自分自身が存在し、最後の神界には、神としての自己自身が厳然として存在している、ということが、はっきりわかったのです。（これは私の著書『天と地をつなぐ者』にくわしく書いてあります）そこで、私は、人間という者は、肉体人間としてこうして生存していながらも、幽界にも霊界にも神界にも同時に存在しているということ、いいかえますと、肉体という器の中に幽魂も霊魂も、神体も同時に存在しているのであることを、体験したのです。これは体験したというより、私の肉体未生以前から、私の守護をしていた守護神の力で、体験させられたという方が真実なのでありましょう」

「そうした私の体験から」もっぱら説いていたことは——

「人間は真実に神から来た者であり、光そのものなのだ、神の座においては、すべてが一つの光であり、働きとして別個の光線として分れているだけなのであって、それが、個々の肉体という器を使っているのである。だから、肉体だけを人間の全存在として生きているようでは駄目だ。肉体は一つの器的存在であって、人間の生命、真実の人間の働き場所でもあるのだから、肉体にまつわる、種々様々なる欲望的想念《おもい》を、常に浄めて消し去っておかねばならぬ。真実の人間、すなわち神霊（または霊魂）が、光そのものの波となって肉体界で働こうとするのに、自己を肉体だけに限定し、その存在だけを、唯一のものと想っているような、誤まった想念、神を離れた欲望的想念が、その働きをさまたげてしまうようでは、いつ迄たっても、その人たちの運命は善くならないし、従って人類世界の幸福も訪れては来ない」

何人《なんぴと》と言えど神から来ている分霊

五井先生は徹底徹尾、人間は神の分霊である、と説きつづけたし、ご自身にそれを現わしつづけた。この線がゆらぐことは全くなかった。

「人間は何人《なんぴと》も、神からきている神の分霊であり、すべての能力は神からきているものであって、神のみ心をこの地上界に現わすためのみにその能力はつかわれねばならぬ、という真実の理《ことわり》……」（『愛・平和・祈り』より）

と絶対の真理という表現を使って、繰り返し繰り返し口で説き、文章に書き表わしている。

「宇宙のすべてのすべては、神のみ力によらぬものはないのでありまして、肉体人間の力などが、神のみ力の他にあるなどと思っているような信仰は、真の信仰ではないのです。神はすべてのすべてであり、すべては神の分れなのです。ですから、神は大愛そのものであり、神性とは愛行の現われたところに現われるものなのであります。」（前出書）

死んでから霊界にゆくのではない

「人間は霊としてはすべて神界に住んでいるのでありますが、想念（魂魄《こんぱく》）として、肉体を加えた各階層に同時に住んでいるのです。ですから、あなた方がこの肉体世界に住んでいて、種々な想いを抱き、様々な行動をしている、その想念や行動は幽界、霊界、神界のどの界からかその想いを発しているのであって、死んで肉体を離れてはじめて幽界なり霊界なりに往くということではないのでありますﾞ」（前出書）

普通の人は、死んでから死後の世界へゆくと思っている。死後の世界というのは、その人の常日頃の想念の在り方によって決まるものであると言われている。

世界平和の祈りを祈っている方々の場合、みな世界平和の祈りを毎日毎日、朝に夕に、いつでもどこでも祈っていらっしゃるから、皆さんは平和の祈りの世界、つまり神のみ心の世界におられる。

ということは、死後の世界も生きている時も、全く同じということである。だから五井先生は、人は死んでからはじめて、幽界なり霊界なりに往くのではない、とおっしゃるわけである。

人は今そのまま神界に住んでいる

「人間は神の分霊であって、本住の地は神界にあって光り輝いて存在している者」というのが原理であり、基本である。この原理・基本がつねにベースにあって、先生の説は展開してゆく。

前出の書を見てみよう。

「人間は肉体が死んだら神の国に往かれるというようなものではなく、はじめから神の国に住んでいるものであって、その神の国を地上界にも顕現しようとして、霊界を通り幽界を通りして肉体界で働いているのであります。皆さんもその一人で、今迷っているように見え、今貧苦に悩み、病苦に悶えているのは、あなたが自らの神の国をこの地上界に現わすための、一つの過程なのであって、その過程は、自己の本心、本体を現わすために、もうすでに余計な想念行為の波となってしまったものの消えてゆく姿である、と思うことが必要なのであります。

あなたは今そのままで神界に住んでいる。霊界にも住んでいる。そして肉体界にも住んでいる。そして、肉体界に執する想念が強ければ強い程、あなたの重点は低い階層、神から遠い真の幸福に近づけぬ環境にあなたを住まわせているわけなので、あなたの真実の姿を見出す日が遠くなるわけなのであります」

しかしそうした想念はすべて現われては消えてゆく姿であるから、消えてゆく姿であると認めて、自分からその執着の想念を切りはなし、切りはなした想念を更に世界平和の祈りに入れる。すると世界平和の祈りに働く救世の大光明が、消えてゆく想念を、完全に消して下さるのである。

こうして「低い階層の想念が消えてゆくに従って、高い階層、つまり神（本体）に近い階層に肉体をもちながら住まうことができるのであります」（前出書）

想いの性格

〝消えてゆく姿〟の真理に関して、私の心から迷いのウロコを落してくれた言葉が『神と人間』にある。

「夢」についての新説を五井先生は打ち立ててくれた。夢判断など、それに類似したことを精神分析ではするようである。

フロイトという精神分析学者は、夢をすべて性慾（リビドー）の現われと解釈し、夢に現われる物質、風景、人物などによって、それぞれの内容を解剖しているが、五井先生は守護霊さんの救いの活動を通して、夢を次のように解釈した。

「夢とは、人間の業因縁《ごういんねん》の消滅する姿である、と私はいう」

守護霊、守護神は愛の権化であり、宇宙神の慈愛と、救いの働きを分担するもので、人間世界の悪因縁を消滅し去ろうとしているのである、と五井先生は説いている。

夢というのは、人間の業因縁（想念）を、肉体人間の脳の念の休止している間に、守護霊さんが夢物語として、肉体世界と切りはなして画《えが》き出し、消滅させているのだ、というのが、五井先生の説である。

夢を人間の救いに役立っているもの、とはっきり打ち出された。

想念は必ず現われる――これは法則であって、動かし難い法則であるが「現われれば消えるのが想念の性格である」と、一度現われた想念は消えるようになっている――と五井先生が指摘してくださったことは、これは大きな救いであった。

想ったことが必ず現われる――ということはよく言われることであるし、書かれていることである。

しかし、現われれば消えるのが想念の性格である――と、想念（心）の法則とは別の光明の面を指摘されたのは、五井先生が初めてではないだろうか。

想念が形に現われる、つまり現象世界に潜在意識の中からある想いが現われてきて、ハッキリと想いの形となる。潜在意識の中にある間は、混沌としてなんであるかわからない。それが現実の何かの縁にふれて、表面の意識に現われてくると、それが「不安」になったり「憎しみ」になったり、あるいは「喜び」となったり「楽しい」という感情表現になる。

この感情表現が、想いが形に現われた姿である。潜在意識の中で渦を巻いていたものが、表層意識に上って、形としてハッキリとした感情想念になる。

その感情想念は、想念の性格として、現われれば消えるのだ、という指摘は私の「目からウロコの落ちる想い」だった。

多くの人は、形に現われた想念だけをとり上げて問題視する。それは人間の救いにはならないことを、先生はご自分の体験と、まわりの人の体験でよくわかった。そこでどうすればいいか、と内省されたのだが、救い一本に立っていらっしゃる神霊からの啓示によって、「想念の性格」という言葉を創造し「現われれば消えるのが、想念の性格」と光明思想を打ち出されたのである。ここから、

「現象に現われた、病気や、不幸を、これはいかなる過去の心の現れか、と精神分析して反省するよりは、現われた悪い事態は、すべて、過去の業因縁が、形に現われて、消えてゆく姿なのだから、この苦しみが済《す》めば、必ず、一段善《よ》い環境になると信じ、それと同時に、守護霊さんが守っていて下さるのだから、必ず善いほうに、善いほうに向かっているに違いないと信じることである」(『神と人間』より)

という五井先生の教えが導き出され、

「愛と許《ゆるし》の世界をみんなで創《つく》ることが大切だ。

自分を愛し、人を愛し、

自分を赦《ゆる》し、人を赦す、

これが業《カルマ》を越《こ》える最大の道」

という、自分を赦し人を赦す、という五井先生独得の行法に進んでいったのだ。

地球人類をカルマの鎖から解き放ち、本心に復帰させ、自由自在なる世界に住まわせる易

しい道を、先生は開いたのだ。

「現象世界の現われは過去ではなく、すべて過去世にある」という五井先生の教えは前世療法を打ち立てたブライアンL・ワイスによっても証明されている。

必ず消え去るもの

『霊性の開発』で、どんな悪も不幸も、必ず消え去ることは、絶対なる事実なのだ、と強調されている。

「どのような姿で、どのような業《カルマ》が現われようと、それは、そのまま想いを動かさずにいれば、消え去ってゆくのですから、その業《カルマ》に対抗的になったり、無理に消し去ろうとすることはありません。黙って守護霊、守護神の加護を念じているだけでよいのです。

どんな悪も不幸も、必ず消え去ることは、絶対なる事実なのです。それを信ずることです。

第一に神の愛を信じ、第二に自己が神の分れであることを信じ、第三に、業想念は、必ず時間的に消え去るものであることを信じつづけて生きてゆくことを、私は説きつづけているのです。

悪は消え去るもの、不幸は消え去るもの、いかなる欲望的想念も、神を想いつづければ必ず消え去るもの、これは私が体験から得た事実なのであります」

悪も不幸も絶対に消え去るもの。

業想念という迷いの想い、不安、恐怖の想いも絶対に消え去るもの。

サタンと云われる存在も、みな時間的に消え去るもの。

これは絶対の真理である。五井先生は、そう断言されている。

何故、絶対の真理かというと、この世界においても、幽界においても、霊界においても、神しか実在しないからである、と宣言されている。

この世の存在は、みな時間的にある時間存在して、みな消滅してゆく。この肉体は勿論のこと、この地球も、太陽も宇宙の星々も皆消えてゆくことは事実である。

絶対に消えないもの、それを実在と言うけれど、神以外に他はないのである。

だから神以外、永遠の生命以外は、皆、現われては消えてゆく姿なのである。

消えてゆく姿の原点は「神一元」にある。

五井先生の信念はこの一念にある。

項をまたあらためて「消えてゆく姿について」「夢について」「守護霊守護神について」論究してゆきたい。

第二章　世界唯一の霊光写真

私も霊光写真を持っています

二〇〇八年九月、大阪市で講演会が開かれた。講師は作曲家の神津善行さんだった。

この講演会に出席して、お話を聴いた人があとでお便りを下さった。それによると講演の始めに、胸からやおらとり出したものがあって「私はこれを持っているのですよ」と霊光写真を見せたそうである。

この講演会に集まった人々は、ほとんどが五井先生のことを知っているから「霊光写真をズーッと持っている」というお話を聞いただけで、神津さんにみんな親しみを持ち、お話を心から聞くようになったと思う。

神津さんは誰からか霊光写真を「お守り」としてもらい、それを大切に肌身はなさず持ち歩いていたということである。

大分、前のこと瀬木庸介さんがご存命のころだった。瀬木さんからこんな話を聞いたことがある。

都心の高速道路の出口の所で、パトロールの警官が検問をしていた。彼に車のストップを命ぜられて、ドアを叩かれ、

「免許証を見せて下さい」と言われた。

瀬木さんがサッと出した免許証を見て、警官は怪訝《けげん》な顔をしている。そしてまた「免許証を見せて下さい」と言われた。あれ変だなァと思って、出したものを見たら、それは霊光写真だった。

あわてて免許証を提示すると、警官はニッコリ笑って敬礼し「有難うございます」と言って、更に「私も霊光写真を持っています。母に持ってなさい、と言われて」とつけ加え、またニッコリ笑った。

瀬木さんも気持ちよくなり、なんだか愉快になり、ニッコリ笑って警官と一言二言、言葉を交わした。警官に「どうも有難うございました、どうぞ」と言われて窓を閉め、その場を去ったのであるが、霊光写真を通し、五井先生の光の中での若い警察官と一体感を感じた、ということである。

霊、幽、肉の三つの輪

霊光写真というのは、五井先生著『神と人間』を読んだ方ならばすべて知っているように、中扉の次に先生の写真、その裏に丸い白い玉が写った写真が掲載されている。その丸い白い玉のことである。

この写真の説明として、撮影者の島田重光さん（故人）のコメントが六行にわたって載っ

ている。それによると、

「上の写真は私の家の前で、立っておられる五井先生を私が写したもので、肉体はなく、光体だけが写っている。

この光体は霊、幽、肉の三体が三つの輪に見える。中央の光が霊体である。ここから光波が出て幽体、肉体が出来るのであると、先生はいわれる。見る人によると、円光の中に先生の姿が見えたり、観世音菩薩の姿が見えたりするそうである」

島田さんは大学で化学を専攻し、何か発明品を発表できるようなアイデアを胸中に持っていた。生長の家の信徒ということで、五井先生とつながり、霊的修業の最中か、日時ははっきりしないが、フラリと島田さんの家により「今日は泊まる」と云って泊まってゆくような気兼ねのない間柄だった。

大正十三年生まれの島田さんにとって、五年生まれの先生は兄貴のような存在でもあっただろう。島田さんの趣味は写真を撮ることであり、天体望遠鏡で星を観ることであった。

この霊光写真は、五井先生の自叙伝『天と地をつなぐ者』によると、昭和二十五年七月、五井先生がご結婚されて間もなくの時に撮影されたらしい。

この写真を撮る前に、島田さんはある所で撮ってもらった集合写真の自分の姿だけが、どういうわけか、ぼけたように薄くなっているのを発見した。何故だろうと、首をひねった。

島田さんは化学専攻ではあるけれど、霊界の存在を肯定し、霊魂の存在も認めていたので、自分に何か霊的現象が起こったのかも知れない、と思っていた。そしていつか自分にも霊的現象の写真が撮れるかもしれない、と思っていたようである。

お守りになった霊光写真

「結婚後間もない頃、市川市平田の島田さんという家に寄った時、その家の長男の重光君が、写真を撮らせてくれ、というので、家の中で二枚、帰えり際、門の前で一枚撮ってもらった。その二枚は静座（正座）して印を結んでいる写真で、一枚の方の背後には観世音菩薩と、冠をかぶった古代人の霊顔が写り、一枚の写真には、蓮の台に坐った釈尊が小さく写っていたが、門の前で撮った写真には、私の肉体は写らず、私の霊体である、円光が写っていた」

そう『天と地をつなぐ者』最終ページに先生はお書きになっている。『神と人間』には一切、霊光写真について触れていないのは不思議である。触れていないけれど、もうその頃は霊光写真はお守りとして、独り立ちし、たくさんの人々のところに出廻っていたようだ。

島田さんの家の中で撮った写真二枚は、ネガフィルムが人から人へと渡って、霊光写真を焼き増ししているうちに、どこかに行方不明になってしまったので、私はどんな写真なのか全くわからない。残念なことである。

撮影した島田さん自身は、はじめこの霊光写真については、自分が失敗した、と思っていたらしい。しかし、五井先生にもう一度よく見せなさい、と言われ、これは失敗ではなく、大事なものだから、と言われて、ネガフィルムを捨てなくてよかった、と思ったそうである。

この霊光写真について「これは素晴らしいもので、大事なものだ」と指摘してくれた人がもう一人おられた。その人は五井先生の修業仲間だったそうで、写真館も経営していたことで、ご自分の職業柄と、霊能力によって箔づけをしてくれたわけである。その人はのちに一派を立て、宗教法人となって、信徒から守護神様と崇められた方である。

何故、この霊光写真を信者たちがお守りとして、常時、肌身につけるようになったのか、それはわからないけれど「人間の本性は肉体ではなく光である」ということの説明用であるよりも、五井先生の直霊の光がそのまま写っている写真を持っていれば、五井先生の大光明が自分を守ってくれる、わざわいより救い出してくれるという素朴な信仰の方が勝っていた、ということだろう。

その通り、自家用車が崖から転がり落ちても、乗車していた誰一人として怪我さえしなかったとか、飛行機事故が起こっても、霊光写真を持っていた人と、その周囲の人はいのちをとりとめ、トラックに脚をひかれて、タイヤの跡が脚にハッキリついているのに、脚はなんでもなかったとか、あざやかに災難を逃れる人がたくさん出て来たのである。

この経験は『霊光写真の体験記集』に数多く紹介されている。

インドのヨガの行者とか聖者とかの中に、写真を写したら何も写っていなかった、という話はあるが、この霊光写真のように円光が写っている、という写真は世界で唯一だと私は思っている。

五井先生の短歌に次のような三首がある。

仮の身の我が現身《うつしみ》の又仮《またかり》の
　うつしゑなれど神のみ光

現身《うつしみ》の我れをうつせどうつりゐしは
　直霊《なほひ》のまゝの大円光なり

霊光写真人々を守り居りあなかしこ
　我がうつしみはこゝにあれども

（『いのり』より）

数多い五井先生の短歌の中で、この三首だけが霊光写真を歌っている。

撮影した烏田さんは科学者であるので、常識の世界で起こり得なかったことが、自分の目の前で起こったので、どういうことだろうと、科学的にあらゆる角度から検討した。その結果、自分の疑問に思っていることは否定され、自分の家の門の前に立っていた五井先生を写した、という事実より出てこなかったので、これは自分のミスでもないし、光が入ったのでもないし、五井先生の霊体、直霊の光が写ったということを肯定せざるを得ない、という結論になった。

カメラとレンズもフィルムも三次元世界のものであるけれど、時として、神霊側のちょっとした操作で、レンズにもフィルムにも写せるものだ、ということである。

写真に写ったのは直霊

「五井昌久という肉体をもった人間が、霊光になってしまった、ということは、肉体と霊光との間に密接なつながりがあったことは疑う余地もありません。人間の眼でみれば、五井昌久という人間は、普通人と少しも変らぬ肉体人間のように思えましょうが、カメラの眼は、はっきり普通人との差を見出したのです。〈中略〉

五井昌久というのは、肉体人間プラス、眼に見えない神霊の世界の力をもっているということができます。

そして当の私は、そうした神霊の力をよく知っているのであります。自分の行動のすべては、神霊の世界の神謀《はか》りに謀られた働きと全く一つになって行動されている、という事実を私は充分に知っていて、世界人類の平和達成のための祈りの中で生活しているのであります。

そう致しますと、五井昌久という人間は、肉体は主でなくて、霊光として写真に写った直霊、本体のほうが、この肉体世界の活動においても、主となっているともいえるのです。皆さんも私も全く同じことなのですが、皆さんは自分自身の本質をあまりご存知ないが、私は種々の霊的体験によって、よく知っています。そして、私の肉体身を写した、写真が、霊光写真となって現われたことによって、私自身の肉体は霊光そのもの、或いは霊光と殆んど等しい波動の存在ということがわかったわけです。

この霊光は私の本体、直霊もしくは、直霊と分霊の光明の合体したものとしますと、写真撮影のその瞬間には、私の肉体波動は消え果てていたか、霊光と一体になっていたかしたわけで、どう考えても、霊光と肉体との間に、そう差がないように思われるのです」（『聖なる世界へ』より）

そう五井先生ご自身が、何故霊光写真が撮れたのか、を説明しておられる。

霊光写真は五井先生の分身、分光としてとらえ、五井先生にお浄めしていただこうと、会員さんは日本国内はもとよりのこと、世界各地に出かけては、大地や、海や川や湖・池、山や谷、ジャングルや森林、大都市の公園など、かつてそこで激しい戦争が行なわれていたとわかれば慰霊のため、大地の汚れを掃き浄めるため、霊光写真を埋設している。

仏教の寺院、キリスト教の教会、ヒンズー教やイスラム教やユダヤ教の神殿、そして神道の神社などにあって、人類救済の働きを人知れずしているのである。

五井先生は大地に埋もれ、泥にまみれ、海底や川底に沈み、壁や塀の割れ目に潜《ひそ》み、或るいは噴火口にも投げ入れられ、大働きをしていてくださるわけである。

第三章　柏手とお浄め

浄めのわざ

「お浄め」という行事がいつ頃から始められたのか?

私が初めてお会いした時（昭和二十六年）にはすでに先生は柏手《かしわで》を打って、お浄めということをなさっていた。私より一年古いシニアーの伊藤顕さんにお尋ねしたら、「私の時も柏手のお浄めだった」とおっしゃったし、それよりまた二年古いシニアーの市川宣隆さんにもお尋ねしたら「ボクの時も柏手を打っておられた」という答えだった。

自叙伝『天と地をつなぐ者』によると、昭和二十三年二月、中央労働学園出版部を退職して、Y氏の家で宗教の道専門に進むことを決意し、Y氏宅に住民票も移して、本格的に訪ねてくる信者さんの一人一人に対して、まず五井先生が浄める、ということをやっている。

その浄めの前に、必ず「オーム」と息を長く吐いて発声する唱え方としたようだ。もともと声楽家として訓練していたから、声はきたえられていたし、呼吸も普通の人よりは深く長かった。だからそのオームという唱え言も、声量も豊かで、普通の人よりも長くひっぱって発声したのだろう。その声を聴いただけで病人が治ってしまった、ということが度々あったという。

その声のひびきのよさの一端は、幸いにして今でも私たちは聴ける。それは統一テープに録音されていて「音だまのテープ」と呼ばれている。その統一テープの終わりの部分に録音されている。

これを聴かれた芸大の作曲科教授だった長谷川良夫先生は「すごいね、素晴らしい！」と絶賛されていた。

この発声を先生がなさった時は、統一指導の最中で、高い高い神さまがその時降臨されたということである。神道ではよく降神の儀の時「何々の神　このヒモロギに降りましませ」と言って「オーッ」という発声を神官がしているけれど、儀式ではなく、実際に神々がオーッという音だまにのって降神するのであろう。

私たちには霊的にはわからないけれど、その耳に聞こえるひびきのよさで、その一端を知ることが出来る。

柏手の浄めのこと

『神と人間』―私の祈念法―では次のように書かれている。

「この黙想（黙想については後述する）と同時または前後に、柏手《かしわで》を打つことが多い。これは、相手の因縁の波が多種多様であるので、種々なリズムで、その因縁の波の調《しら》べに合せて叩くのである。この柏手を打つことによって、光の波が、相手の業因の波のうねりの通《とお》りにうねって浄めてゆくのである。

いいかえれば、神の光波が、私の柏手のリズムを通して、私と対座している人の業因縁の波を洗《あら》い浄めてゆくのである。

その他に種々の印《いん》を結ぶ。これは相手を統一《とういつ》させるためと、こちらの光の波長を相手の波長に合わせるためである。やさしくいえば、テレビのダイヤルを種々に切りかえるのと同じである。

この祈りは相手と向き合ってやったり、相手を後向《うしろむ》きにさせて、祈ったりする。

前向きの時は、その人そのものの、過去世《かこせ》からの業因縁を浄めるのであり、後向きの場合は、その人にまつわる祖先や縁者《えんじゃ》の想念の浄めなのである」

柏手《かしわで》を打つ、という行事、動作は宗教的には神社の社前で行って、決まりきった所作、作法のもと柏手を打つ。なんのために打つのか、という説明はない。昔からの習慣として、神さまに向っては、柏手を打つことになっている。

右手と左手と両手の掌を叩き合うことによって、音が生まれる。右は水《み》ぎわ、左は火足《ひた》りで、右が肉体・物質とすれば、左は霊・神体となり、右が陽とすれば左が陰となり、陰陽、霊肉とが合体し結ばれることによって、新しいエネルギーが生じる。これが柏手のひびきと私は解釈している。

だから柏手はすべての汚れを祓い浄め、調和させる浄めのひびきなのである。

五井先生の場合はいろいろなリズムで打っていた。統一実修（のちに統一会と呼称が変更になった）の始まりの柏手は、舞台の幕が上る時、拍子木が打ち鳴らされるのが、その時のリズムと似ていて、はじめはゆっくりと鳴らされ、だんだん早くなってゆく。舞台では音が早くなるにつれて幕が開いてゆき、幕が開き終わると音は終る。五井先生の場合はそこで柏手の音のリズムが変ってくるのである。

統一の終わりの時には、決まったように一定のリズムに柏手は鳴る。これで終わったよ、仕上がったよ、ということなのだろう。よくトビの人や魚河岸の人がお祝い事のけじめをつけるために「三本じめ」というのをやる。それと一寸似ている。

これは個人で向き合ったお浄めの時の最後のシメに、五井先生がよくなさっていたので、私たちはそれを真似していたが、それが正解だったことが、昌美先生から浄めの印を伝授されてわかった。

今、白光真宏会では講師になると「浄めの印」を伝授され、結んでよいことになっている。「お浄めをして下さい」と頼まれた時、私たちは「五井先生、お願いします」と五井先生にお願いしてお浄めをしている。つまり肉体の自分がお浄めをするのではなく、肉体の自分は浄めの器となり、五井先生がそして守護霊守護神がこの器を使ってお浄めをして下さるのだと思っている。

五井先生の黙想

こう思うのには理由がある。理由は後述するといった五井先生の黙想にある。

「相手と私は向かい合《あ》って座《すわ》る。私の心には相手の分霊の光と、その分霊が過去から放ちつづけている想念の波が、種々なる波長《はちょう》をもって、幽体を流れているのが観《かん》じられる。即ち、因縁の波を観じるのである。私は、すでに光体《こうたい》になっている私の中に相手の因縁の波が吸《す》い込まれて、しだいに浄まってゆくのを感じる。ちょうど吸い取り紙のようなもので、吸い取り紙は吸い取ったインクを消すことができぬが、私は、その人との対座《たいざ》を止めると、ほとんど同時に、その人の因縁の汚《よご》れを消滅もできる。私に来ている本源の光が汚れを消滅《しょうめつ》するのである。

私と対座した人は、なんだかわからぬが、体が軽くなり、清々《すがすが》しくなる、と異口同音《いくどうおん》にいう。これはその人たちの業因縁が浄められたことによるもので、いかなる言葉の説教よりも、はるかに早くその人たちを救いの道に導くことになるのである」（『神と人間』――私の祈念法より）

五井先生の黙想とは自我想念をすっかり停止して、相手の業想念を五井先生自体のいのちの中に吸い込んでゆく黙想、空即実相の黙想である。

相手と向かい合う時、空即実相そのままの先生の中に、私たちは吸い込まれてゆく。吸い込まれてゆく人の場合は、柏手（のちに口笛を吹かれた）を打たれ、祓い浄められて五井先生の中に吸い込まれてゆく。

純粋な愛は想念停止と同じ

「いかに達者な辯《べん》で真理の道を説いていても、心に愛の薄《うす》い人は、その姿に光が薄いし、何も説けずに、ただ黙《だま》ってその不幸な人の開運を祈っていても、愛の深い人の姿は、光り輝いて見えるのである。

愛は光《ひかり》であり、光は即ち神である。

真《まこと》の行いは神の行いである。愛の黙想《もくそう》は光そのものである。愛に充《み》ちた真理の言葉は神の言葉《ことば》である。

あの人を善くしてあげたい、と思ったら、まず自分が光にならなければならない。

光になるとは、愛そのものになることである。それは自分の立場がよくなるから、とか、自分の力を示したい、とか、人に感謝されたい、とかいう不純《ふじゅん》な心があってはいけない。真に善くしたい、という純粋《じゅんすい》な愛の心でなければならぬ。その場合、純粋な愛は自己の想念停《そうねんてい》止《し》（無我）と同じであるから、本源の光がその人を通して、相手に流れ入るのである。愛の純粋さの程度に従って、光の強さが違ってくる。病気などの場合、なおしてやるんだ、という力《りきみ》や、不安動揺の心は、光を乱し弱める」

これは『神と人間』の言葉で、私の大好きな言葉である。

純粋な愛は自己の想念停止と同じだ、と明記されている。しかしなかなか純粋な愛になれない。自分の力を示したいとか、自分の立場がよくなるからとか、人に感謝されたい、これでどうなるのでもない、とか、治るかな、とかいう想いが出て来がちである。

そこでまず第一に、五井先生に想いを集中し、五井先生のお力を頂く、ということで、瞬間的に想念停止をはかるのである。五井先生をひたすら称名しつつお浄めをすれば、五井先生の光、本源の光が自分の器を通して、相手に流れ入ることは間違いない。結果は考えることは必要ない、すべて五井先生におまかせしておけばいいのである。

お浄めの素晴らしさ

過去、五井先生のお浄めによってどれだけの人が（幽界の人も含め）救われてきたかわからない。どれだけの人が癒されて来たかわからない。どれだけ慰められ、霊性の開発をして来たかわからない。

五井先生には肉体の自分がやっている、という感覚は全くない。ご自分をすべて神さまに返還し、神のみ心のまま、純粋なる愛行をやりつづけて生涯を終えた。

自分がやった、という感覚がないから、自分の手柄とか自分の力とかというのはない。「汝の信仰汝を癒せり」とか「汝の信ずる如く汝になれ」という姿勢一本で貫かれている。だからともに喜び、ともに泣いて下さる。いつも目線はわれわれと同じ線におき、そしてわれわれを抱きかかえて天に昇ってゆく――それが五井先生の祈りの姿であった。

回りの者はみな死ぬ、と思っていたくらいの私の重病が、五井先生におまかせすることによって死から甦った事実、私は五井先生のお蔭と思っているのに、先生は「よく治ってくれた」と喜んで下さったことを耳にし、私は心から感動して男泣きに泣いたものだ。

柏手

五井　昌久

私は柏手を打つ
朝から夜まで柏手を打ちつづける
柏手は天の声
柏手は光のひびき
或る時は万雷のごとく
或る時はさゞ波のごとく

柏手は縦横《たてよこ》十字に曲線に
光の波を走らせるのだ

私は柏手を打つ
朝から夜まで柏手を打ちつづける
柏手は神々の言霊《ことだま》
アオウエイ
カコクケキ
オ――ム
言霊《ことだま》は光の動き
柏手は闇を消す音
光　光　光
柏手に消えゆく業性《カルマ》
柏手に調う世界
人々の本心顕現《けんげん》
私は今日も明日も息ある限り

本心開発の柏手を打つ
神の世開顕の柏手を打つ
（詩集『いのり』より）

小さな掌からすごい音

五井先生の柏手の音はものすごいひびきである。

はじめてこの柏手の音を聞く人は、みなビクッとして、飛び上がる。私のようなものが打つ柏手でも、はじめて耳にした数名の外国人は、無意識だろうけど、飛び上がっていた。びっくりするのである。

五井先生の打つ柏手は、私の打つ柏手よりもっとすごい。笹川良一さん（日本船舶振興会会長）が紅卍字会《こうまんじ》の日本支部（正式な名称は失念した）の統掌《とうしょう》（代表）をつとめていた時、笹目秀和さんの案内で昱修庵にいらっしゃった。

そこで五井先生のご挨拶がわりのお浄めを受けた。はじめて聞いた、耳をつんざくような柏手の音のすごさに、笹川さんは驚いておられたものだ。

統一実修会では、時間にして十分間ぐらいの統一実修を、はじめの頃は三回なさった。

統一実修の最中、五井先生のなさることは柏手を打つこと、いろいろな印を組むこと、オーケストラの指揮者のように、両手を使って指先を使って、さまざまな美しい形をつくりながら、流れるように動かされることであった。

昭和三十七年春頃から、柏手に口笛が加わり、気合をかけてしめる、ということをなさっていた。

皆、目をつぶっているから、先生がどういうことをなさっているのか知ることは出来なかっただろうが、薄目をあけて見ている人もあったろう。私は編集者として、統一中の五井先生を写真に撮る仕事のため、終始目をあけて壇上の五井先生にカメラを向け、シャッター・チャンスを狙っていたことがあるので、五井先生の所作を知ることが出来た。

東京に会場があった頃は、午前中は個人のお浄め、午後はお話と統一ということで、五井先生は一日中、柏手を叩きつづけていた。

五井先生の身長は一六〇センチはない。ご自分でよく「五尺二寸、体重十一貫」とおっしゃっていた。男性としても小柄で、細身《ほそみ》、掌《てのひら》は普通の人より小さかった。

その小さな掌、小さなお体の五井先生が打つ柏手とは思えないほどの、先生の柏手は、力強く、音が大きかった。

初めて聴いた笹川さんや外国の人が、びっくりしたという音ではあるが、統一実修の指導を受ける人々は、一様にみな気持ちよくなるので、中には眠ってしまう人もいた。それこそ高いびきをかいていた人もいた。

郵便はがき

恐縮ですが切手を貼って お出し下さい。

4180102

静岡県富士宮市

人穴八一二一一

白光真宏会出版本部

愛読者カード係

出版物等のご案内をお送りいたしますのでご記入下さい。

ふりがな ご氏名	年齢 才	男・女
〒 ご住所		
ご職業	ご購読の新聞名	
お買い求めの書店名	以前に愛読者カードを送られたことがありますか。 ある（　　年　　月頃）：初めて	

愛読者カード　　書名　神のみ実在する──五井先生かく説き給う

■ご購読ありがとうございました。今後の刊行の参考にさせていただきたいと思いますので、ご感想などをお聞かせ下さい。

下記ご希望の項目に○印をつけて下さい。送呈いたします。

1. 月刊誌「白光」　2. 図書目録

本書をお知りになったのは	1. 書店で見て　2. 知人の紹介　3. 小社目録 4. 新聞の広告(紙名　　　　) 5. 雑誌の広告(誌名　　　　) 6. 書評を読んで(　　　　) 7. その他
お買い求めになった動機	1. テーマにひかれて　2. タイトルにひかれて 3. 内容を読んで　4. 帯の文章で 5. 著者を知っている　6. その他
月刊誌「白光」を	毎月読んでいる　　読んでいない

白光出版をご存知でしたか。　初めて：知っていた：よく買う

☆以前読んだことのある白光出版の本(　　　　)

ご協力ありがとうございました。

力強いびっくりするような音だけど、リズムをもって鳴りひびきつづけると、音楽を聴いているように気持ちよくなるのである。

それは柏手から発する光、印から流れ出る光明によって、心が、魂が、浄められてゆくからである。心の重荷を肩から降ろして下さり、その上、重荷を消滅してくれるのであるから気持ちがよくなるのは当然だ。

温泉に入って、冷えた体も温《あたた》まり、汚れも落してもらえるのだから、私たちにとっては、これは応《こた》えられない。

私たちがいい気持ちになっている一方で、五井先生の方は、柏手を打ちつづけ冬でも汗を一杯かいて、お浄めをして下さっていたのである。

輝く霊光に包まれて

その様子を霊的に観察した村田正雄さんが、「先生の柏手ほど、この世に不思議なものはありません」と白光誌に書いている。

「こだまして鳴りわたる不思議なひびき、千変万化限りなく変転自在の柏手のひびきを受けた人は、誰一人としてその神秘に打たれない人はいないでしょう。

先生の、なんの力みも見受けられない、ただ軽やかに打ち合わすあの小さな両手から、天

ありのまま、裸がいい——。五井先生の「全人」が現われた書については拙著
『五井せんせい——わが師と歩み来たりし道』でも詳しくご紹介した

地にひびきわたるような物凄い音が、どうして打ち出されるのでありましょうか？　その神秘性のすべては測り知り得ません。けどその一端として、私が霊的に観じた柏手についで申し述べてみたいと思います。

或るご法話の会場で、ご法話の前に個人指導をされ、柏手のお浄めをされているのを私は霊視していました。柏手から放射される霊光は黄白色に輝き、相対する人の霊、肉体を包んでしまいます。その霊光は人によって皆一様ではありません。子供たちはごく柔かい慈光で包まれます。また先生自身のお体が光体となって、相手を一つに包んでしまい、天界高く昇ってゆく等々、誰一人として同じ状態ではありませんでした。これは私の最初にして最大の驚きでした。

統一実修会の場になりますと、個人のお浄めの時と、根本的に『格』『相』がガラリと変ります。

柏手のリズムは、天界の妙楽がこれに和して下界に降りそそぐようであります。また神代の舞をしのぶが如き気高さに変り、また或る時は遠い昔から流転しつづけた人類の業生が、一大黒雲となり、暗黒の地獄かと思われる様相で、われわれを取巻く時、柏手が炸裂《さくれつ》して、一閃の稲妻となり、一瞬にして暗黒を光明に転ずるのです。その柏手のすさまじさ。天地も裂け、百雷一時に落下したとばかりに思われる壮烈《そうれつ》峻厳さは、不動明王の降魔の利剣の一閃となり、業生が打ち消されるのであります。

かと思うと、温かい春の陽《ひ》を全身に浴びて、浮世の苦楽もどこへやら、うつらうつらと心地よく眠る世界は、天国か極楽かというところです。

この時の先生の柏手は、みどり子になって聞くなつかしい子守歌です。老も若きも幼きも、一つの光に溶けて、無念無想の大境地、世界平和の祈りの世界に導かれるのです。

平凡な私たちの日常生活の中から、知らず知らずのうちに、世界平和の祈りが鳴りひびく時、そしてこうした人たちが一人でも多くなってゆく時、天国の現れが地上にひろがってゆくのであります。

これと呼応するように、世界平和の祈りの場から、天地を貫く大光明（火の柱）が立ち昇るのを、誰の目にも見ることが出来ましょう。

この時、忽然として宇宙人が現われ、円盤が現われ、世界人類一人一人の既成概念、想念が根底から覆《くつがえ》されて、すでに進化した星々のように、地球世界も諸神諸霊の大活躍によって、一なる神のもとに統御され、平和な世界、進化した星にと生まれ変ってゆくことでありましょう」

柏手は神々のひびき

村田正雄さんがいみじくもおっしゃった「柏手の神秘」、それは人間が神の子として、神の光の一筋としてこの世を生きてゆく鍵でもある。

五井先生はこう語っている。

「個人の肉体が叩いているんではなく、神々のひびきが伝わってくるだけです。だからあれだけ叩き通しに叩いたって、疲れるということはないのです。

ふつうあの音でもって、三十分叩いたら、ヘトヘトになります。私は別になんともない。何故かというと、私は一つも力を入れていない。力んでいない。ふんわりと神さまに全託して、祈り一念で生きてゆくと、こういう柏手が鳴る。

私は神さまに全託し、神の光の流れてくるままに、自然法爾に動いている。柏手はなんにも無いという証拠」

この言葉に類したことを、過去何回もおっしゃっていた。それにあらためて耳を傾けると、柏手を打つのも、印を結ぶのも、口笛を吹くのも、気合いをかけるのも、すべて神のみ心のまま、現われてくるままになさっていたんだとわかる。

そうすると普通の人間では出し得ない、ものすごい力が出てくるということを、先生は証明している。

「私の柏手は植芝先生の合気道と同じ」

とおっしゃったこともある。全託して空《くう》になりきり、大宇宙と一体化したところから現われてくる力、エネルギー、神知、愛、光明——それが柏手《かしわで》となって現われている、ということである。

大生命

五井　昌久

一体何《な》んと云う深さなのであろう
何《なん》と云う尊さなのであろう
私の吹き鳴らす霊笛《てき》に乗つて
その霊身を現わされた御方《おかた》は
一体誰方《どなた》なのであろう
私の身心に伝わるこのひびき
そは正に大生命《だいせいめい》の高鳴り
今老祖《ろうそ》の姿となつて私の中に御座《おわ》す大光明
その輝く銀髪は星々の塵埃《じんあい》を祓《はら》い
金色の眼ざしは宇宙をみつめて鋭く
その白髭《せん》は三千丈をはるかに超え
銀河の流れとなつて虚空の彼方までたなびく
私の霊身を伝わつてほとばしるそうした光の波動は

天地を貫《つらぬ》いて無限に横にひろがる

あゝ大生命
天御中主大神《あめのみなかぬしおうがみ》
叉の名至聖先天老祖《しせいせんてんろうそ》
老子を仏陀をキリストを弥勒《みろく》を
そして叉金星の長老を
その膝下《しっか》に治《おさ》めて
大宇宙を主宰する生命《いのち》の権化《ごんげ》よ
あなたは今此処《ここ》に御座《おわ》す
地球人類救済の
世界平和の祈り言《ごと》にさそわれ
大光明波動を霊身と現わし
御自《みずか》ら仏菩薩《ぶつぼさつ》の総指揮者として君臨する
天御中主大神《あめのみなかぬしおうがみ》
至聖先天老祖《しせいせんてんろうそ》

その久遠の生命は大智慧大能力
今此処に伝わるひびきは
実在界そのままの光明波動
私はそうした光明波動に融《ト》けきって
地球人類救済の柏手を打ちつづけているのである

（詩集『いのり』より）

エルベール教授との会見

昭和三十五年十一月十二日、市川新田の本部道場（当時）にスイス・ジュネーブ大学でヒンズー哲学を講義するジャン・エルベール教授が、中央大学の中西旭教授のご案内で見えられた。

エルベール教授が来日された目的は二つあって、一つは「日本の生きた宗教、生きた信仰」を研究するため、二つは古事記の研究をするためであった。

日本の生きた宗教、生きた信仰ということならば、五井先生のところしかない、と神社本庁事務総長（当時）の深川富岡八幡宮の富岡宮司と中西旭教授のおすすめで、エルベール教授は五井先生を訪ねて来られたのであった。

エルベール教授は眼鏡をかけてひげをはやした、一九〇センチぐらいの背の大きな方であった。

対談は「先生の教えの核心は何か」というエルベール教授の質問からはじまった。

「人間は神の子であって、守護霊守護神によって守られているもの。だけどカルマによっておおわれ、本当の姿を発顕できていない。そこで私は神の子の本来の姿を発顕させるための援助として、柏手を叩くのです」

と五井先生はパンパンパンと柏手を打たれた。つづけて五井先生の、

「柏手は空《くう》になった私を通して、大神さまの光が流れ入り流れ出て、相手の業を浄めるのです。業の消滅を強力に援助するのです」という説明に、ニッコリ笑ってエルベール教授は頷かれ、深い理解を示された。

余談であるが、この対談を取材した記事については、大変興味深いこともあるので、また項をあらためてご紹介する。

後年、五井先生はアメリカに行かれて、アメリカ人と交流された結論として、日本語のわからない外国人には「くどくど言葉で説明するよりも、柏手を打ってお浄めする方がより早くわかるようだ。柏手は魂的に理解させるよい手段だ」とおっしゃっていた。

このエルベール教授に、まず柏手を打たれたのも、そうしたお気持ちがあってのことだと思う。

業を浄める人を世界中に

翌昭和三十六年一月十九日、東京飯田橋の会場に、五井先生が会いたいと思っていたエルベール教授夫人が、神道研究の大家としても知られる日本大学の藤沢教授を伴われて見えた。夫人は会場に用意された席に坐り、五井先生のお話も聞き、統一実修も体験された。会が終わった後、別室でエルベール夫人、藤沢教授、富岡宮司と五井先生は約一時間半にわたって会合を持たれた。

まずはじめに五井先生が夫人に云われたことは、

「あなたのうしろに、エジプトのピラミッドを最初に建設された聖者がいますよ。あなたの守護神ですね。そしてあなたのまわりをピラミッドを建設した聖者たちがとりまいて光り輝いていますす」だった。

夫人は「それを私も感じております」と言われ、一番初めに図星をさされた、ということをもらされた。

先生「あなたは鏡のように透き通っています」

夫人「今日は五井先生に思わず言い当てられて（エジプトの聖者のこと）嬉しく光栄に感じています」

先生「柏手はどう感じられましたか？」

夫人「瞑想的心境から知的な心理に転換するのが必要だったから（統一実修を経験された時、統一状態から戻られるのに時間がかかった）、始めに先生から統一のあと、お尋ねされてもすぐ答えられず失礼しました。

柏手は自己の浄化作用と思う。非常に大きな力と思う。醜悪下卑な想念を駆逐してしまうという力が入っていると感じた。

五井先生は素晴らしい力を持っている。悪の潮が盛り上って来る時には、普通は対抗できないものだが、それをはねかえしてしまう力がある。

柏手を聴いていると、どんな強い悪業想念の潮が来ても、撃退できる力と思う。

先生のそばにいると、瞑想が楽に出来る。普通はすぐ簡単に出来るものではありません。

私の経験でも瞑想した後で、悪の力が更に強く襲ってくるものです。瞑想で、得た美しい心をこわそうとして来る。五井先生の場合は、あとで悪が来てもそれを浄めつづける力が長く、つづくのではないかと思う」

先生「柏手の統一を長くやっていると、自分で業を追い払うことが出来るのです。業を浄める人を世界中から、探し出さなければダメですね。そうした探し出す役目を夫人も、藤沢教授も持っている」

夫人「先生のおつとめは大変だと思う。瞑想しても、途中でもってうやむやになっている中途半端な人が多い。そういう人たちを完全にするのが、先生のお役目ではないでしょうか」

先生「そうです」

藤沢教授は柏手の体験を次のように話された。

「柏手によって深山幽谷にいるような、とてもいい気持ちだった」

五井先生は、私は黙って柏手を打って、神さまの光を送っているだけ、とおっしゃる。

柏手がどうして光になるかというと「私の中にはなんにもないからですよ」

かしわで

斎藤　秀雄

今日も恩師[※1]の打鳴らす
天地にとどろく柏手の
ひびきの中にとけ行けば
音の心に言霊《ことば》あり

我は神なり　光なり

我は愛なり　叡智なり
汝も神なり　光なり
汝も愛なり　叡智なり

陰《やみ》と陽《ひかり》と天地《あめつち》と
別れて住めど本業は
我と汝は一つなり
あゝ現界《うつしよ》に生れ来て
姿形は変れども
宇宙万物ことごとく
神の光《いのち》の分霊《わかれ》なり

見よ　神人の柏手の
とどろく音のみ光を
[※2]四つの世界ことごとく
光となり輝けば

諸神諸仏の姿なり

今こそ聖祖のみ光を
人の命《いのち》の光明《よろこび》を

輝く恩師の柏手の
光と共に現世《うつしよ》に
あらわす時は来りけり

神の心をそのままに
生活にうつす御代《みよ》となる
※1　五井先生のこと。　※2　神界、霊界、幽界、現界のこと。

この詩は、昭和三十六年一月二十三日市川市中国分の聖ヶ丘道場における統一会にて、斎藤秀雄長老が統一中に受け取ったものである。

「五井先生のかしわで」の真意と働きがよく表現されている詩と思い掲載した。この詩は斎藤長老の人知によるものではなく、神である長老の本体が五井先生の柏手を讃美した「ことだま」である、と私は思っている。

五井先生の打つ柏手による経験は、各人によってみな違う。肉体的感覚でいうと「いい気持ち」という表現になるけれど、その内容はさまざまで、いわゆる霊的体験ということになる。この霊的体験の事例もこれから紹介してゆく予定であるが、次に、肉体感覚でとらえた、いわば機械で柏手を音波としてとらえた実験記録と霊的体験記を紹介しよう。


柏手とお浄めについてを書く前に、五井先生賛美の詩《うた》をうたうことをお許し願いたい。それは贔屓《ひいき》の引き倒しだ、と思われるむきもあるかもしれない。しかし私は称《たた》えずにはいられないのだ。

五井先生を称えることとは、わが本心を称えること、わが神を称えることと同じなのだ。私と同じように称えよ、と人に強制するのではない。ただ暫し聴いていただきたいのである。

賛歌

五井先生は人間と人類の偉大なる教師である
言葉ではなく存在そのもので
ご自身の放つ光明によって

人間に潜在する神性を引き出し　育て
それを開花させ実を結ばせる愛の教育者である

〝愛は忍耐なり〟のモットーそのままに
長い長い時間見守りつづけ
光をあてつづけ
じっと時の来るのを待って
私の中から無限なる真理と神の叡智とを
徐々に徐々に引き出して下さっている

だから私の中からあふれ出るのは
五井先生をほめたたえる大賛歌である
五井先生への深い深い尊敬の念と愛である
その時　私はよろこびにあふれ
心きわめて素直になり柔和になり謙虚になり
かるがると神さまの中に舞い上がる
己れの中の澄みきった知性と神性の無限性と一つになっている

五井先生という人間性にとらわれ
五井先生という如来性にこだわり
己れを自由自在なる世界に解放する真理にも縛られて
つまづく人はなんと可哀相なことであろう
真実の釈迦牟尼如来は五井先生の中にあり
真実のキリストは五井先生の中にあり
無礙自在の大聖老子は五井先生の中にある
釈迦牟尼仏の中に五井先生
キリストの中の五井先生
老子の中の五井先生
大空の中　虚空《こくう》の中の五井先生を見つめよ！
太陽の光の中
金星の光の中
宇宙の中心にこそ
五井先生はいます
人類一人一人の神性の中にこそ実在する

その五井先生をみつめよ
その五井先生を唱えよ
ご　い　せん　せい　のひびきが
あなたを虚空に解き放つ
光明の中にあなたを導き
あなたを自由にする
あなたを無礙自在なるものにする

〝愛は忍耐なり〟をモットーに
私は自己の神性の開眼するのを見守り
時の満ちてくるまで
あせらず　あきらめず　倦《う》まずたゆまず
平和の祈りを鳴りひびかせ
想いを五井先生に返上して
賛美の歌をうたいつづける
人はみな神性なるが故に
五井先生と等しきものであるが故に

誰も彼もいつか五井先生に共鳴し共振し
世界平和を心より祈り
先生賛美の大合唱を奏でることだろう

五井先生の柏手の音を測定

大阪大学音響学専門の助教授（当時）北村音壹先生が、五井先生の柏手、特に統一中に打ち鳴らす柏手の音を測定して、五井先生の柏手は普通の人の二〇〇倍のエネルギーである、という結果を数字で出したデータを送ってきた。それは白光誌昭和三十六年五月号に発表された。

測定日時　昭和三十五年十二月十八日午后
測定場所　東京割烹女学校（統一中）
使用測定器　指示騒音計（日本電子測器製）ＯＦ—７周波数分析器（日本電子測器製）
測定者　北村音壹（大阪大学助教授）
測定位置　測定用マイクロホンの位置は掌中心より五〇センチの距離前方の位置、音源からマイクロホンまでの距離が変わると、音の強さも変わるので、本測定では五〇センチ一定に保った。

測定の概要

柏手中の掌の間隔は約二〇センチである。統一中は柏手される位置は左右に動くので、正面位置で、マイクロホンとの距離五〇センチの時の柏手の音のみを測定した。また柏手の音の強さは一定ではなく、数デシベルの範囲の変動があるので、測定器のメーターの振れの最も多く指示する値を代表値として選んだ。この値は大体中央値を示していると考えられる。

音の強さはデシベル（以下dbと記す）で示す。これは音の強さのレベルの単位である。人間の聴き得る最も小さい音は、〇db、最も大きい音は一三〇dbである。

測定結果

五井先生の柏手の音の強さのレベルは、前述の測定位置で一〇三dbである。最大一〇五db最小九九dbであるが、一〇三dbが代表値と考えられる。

一般人の柏手の音は、一〇歳代男子一名、二〇歳代一八名（内男一七名、女一名）、三〇歳代七名（内男六名、女一名）、四〇歳代男子一名、五〇歳二名（男一名、女一名）、六〇歳代一名の三〇名につき測定。これらの人の平均（中央値）を求めると、最大八八（七七〜九二）db、普通八〇（七三〜八八）dbであった。

最大というのは、約三分間、この強さで拍つと、掌が痛くなる強さ、普通というのは音楽会等で拍手をする時の強さである。カッコ内の数値は、三〇人についての測定値の分布の範囲を示す値である。

これより考えると、普通の人の柏手の音の強さに比べて、五井先生の柏手は二三db強いと言える。しかしこの比較はあるいは妥当でないかもわからないとも考えられるのは、五井先生のように、一日中柏手を普通の人にさせた時のものと比較すべきであるが、この実験は時間を要するのでできなかった。それ故、二三db以上の違いがあると考えてもよさそうである。

また前述のように、普通の人が三分間くらいしか拍《う》てない最大の柏手の音の強さと比べても、五井先生の柏手の音は一五db強い。これは驚くべき柏手の音の強さである。

結論

五井先生の柏手の音は、一〇三dbの強さで、普通人《じん》より二三dbも強い。これは音のエネルギーで考えると、二〇〇倍の強さである。

また普通人《じん》がいかに力を入れて、一所懸命に拍手をしても、最大八八（七七〜九二）dbで、五井先生の柏手の強さには到底至ることができない。

まことに不思議な柏手の音の強さである。

百人用のエネルギー、一万人用のエネルギー

昭和三十六年四月二十六日午後七時半より八時、毎日放送よりラジオ番組「音の科学」第十五回「信仰の世界」で五井先生の柏手がとりあげられた。その放送の中で北村教授は一〇三dbという音の強さを次のように語っている。

「普通の人が一生懸命叩いた時と比べても、一五db大きいというんですからね。たしかにちょっと特別な柏手の音ですね。そうですね、一〇三dbといいますとネ。ちょっと例が悪いんだけれども、工場でリベット打ちありますね。ニューマチックハンマーで、それを大体一メートルぐらいの近くで聞いた時、一〇三dbぐらいですがね。

ですからエネルギーは大体二〇〇倍ぐらい出ているのですよ。ですからすごいものですね。結局、五井先生一人が柏手を叩かれた音とですネ、二〇〇人の人が集って同時にいっぱい叩いた時の出た音と同じだ、ということですね、二〇〇倍ということは」

北村先生が報告書というかデータの最後にも言っているように、五井先生の柏手の音というのは不思議な強さを持っている。

それはたゞ音量の強さということだけではない。肉体のたてる音ではなくて、肉体以外の力の働きかけによりひびき、五井先生の中心から流れてくる霊光のひびき、大生命の中心か

らそのまま肉体に働きかけてくる超エネルギーのひびきだ、と言えよう。

空っぽの五井先生が打つ柏手は、肉体の力をはるかに超えたエネルギー量であることは確かなことである。

それが柏手によるお浄めである。業想念などは大生命の超エネルギーによって吹き飛んでしまう働きとなる。五井先生は個人に対しては強いエネルギーをそのままに出さない。光をやわらげ、強さを緩和し調整してお出しになる。

対する人数、業の深さに応じて適度にエネルギーを加減できるところが、また五井先生のすごいところである。百人に対して百人用の光、千人に対しては千人用の、一万人に対して一万人用のエネルギーを、五井先生とその器は自在に使いわけることが出来た。

五井先生の柏手の音は、たしかにものすごいひびきで、一番、音の通りやすいというか伝わりやすいデシベルの数値だったようで、新田道場でお浄めで打たれている柏手は、大通り近くまでひびきわたっていた。

さまざまな柏手体験

笹川良一さんの体験

昭和四十三年六月、日本紅卍字会責任統掌の笹川良一氏が昱修庵へ五井先生にご挨拶に見えた。

しばらく雑談のあと、五井先生のお顔をしげしげと見ながら「宗教家らしくない大宗教家」と笹川さんは五井先生の印象を語った。そして「宗教というものはむずかしいもので、なかなか多くの人に門戸が開いていないが、五井先生の教えは門戸が開いていいですね」と感心していた。

「先生の口笛が素晴しい、と聞きましたので、是非聴かせて下さい」と言うので、五井先生は笹川さんのお浄めをなさった。

「生きた柏手をはじめて聴いた。この柏手は世界第一のすばらしいものです。耳奥にジーンとひびきました。この柏手を打ってもらえば、耳の悪いなど治ってしまいますよ。それから口笛は極楽にいったように、普通の音楽にない美しさだった。口先で吹いているのではなく、先生の魂のひびきだ」

とお浄めの感想を述べられた。

勝新太郎さんの感想

はじめてお浄めをしていただいた人の感想はいろいろあるが、おおむね、すごいひびきというより「清冽《れつ》な感じ」という印象が深く残っているという。

座頭市の映画で有名になった俳優の勝新太郎さんは「神仏とかのことはよくわかりません

が、五井先生にお浄めをしていただいた時は、胸の中に爽やかなものが入ったような、そのような印象が残っています」と山崎ご夫妻の銀婚式に主賓で出席された時のご挨拶でおっしゃっている。

有田一寿さんの感想

略歴　若築建設、クラウンレコード会長、西日本工業大学理事長、日経連常任理事、などいろいろの肩書を持つ。参議院議員も経験した。今里広記さんのおすすめで五井会に入り、五井先生にお目にかかる。

「何か印象に残るのがあるか、といわれても、一番先に浮かぶのは〝柏手〟ですね。会の最後にお祈りをされる時のあの音。私はうちであの当時、叩いてみたんだけれど、あの澄んだ音というのは出ないです。

これは単なる肉体的な掌の厚いとか薄いとか、油気があるとかないとかの問題じゃなくて、これは無心の境地になれるかどうか、ということでしょうね。当時、随分考えたり、家内と話したりしたことがあります。

結局、あの音は今でも出ませんですよ。これは私ども近づき得ないところではなかろうか。あの〝柏手〟の音が今まで僕の耳に残っています。」（白光誌昭和五十九年七月号より）

柏手のお浄めによっていただいた稀有なる体験をご紹介しよう。

今里広記さんの体験

「今から十五年ぐらい前（昭和二十九年頃）神経衰弱みたいになりまして、自分の人生の生き方というものが、どうしてもわからなくなってしまいまして、夜も眠れなくなり、仕事をしようと思っても手につかない。人生の敗残者としての自分というもので、全くおおいつくされてしまった、というような状態の時に、五井先生のところに連れて来られまして、お浄めを受けました。

その時、電撃的ショックとでもいいますか、自分の体に霊感霊光というものをピシッと受け止めることが出来ました。その晩、本当に生れ変ったような気持で、グッスリやすむことが出来たんです。

翌日またお浄めに伺いました。

本当に気持も頭も爽快になって、世の中が楽しくなるような、本当に白日の下に遊ぶことが出来るような感じがしたんです。

その後、一日一日薄紙を剥ぐようなことで治っていったわけでございます」（昭和四十四年六月二十九日五井先生コメンダドール受章記念講演会の祝辞より）

今里広記さんは日本精工㈱の社長・会長そして経済団体の役員を歴任された方で、この体験から心から五井先生を信じ、尊敬し、五井先生の門人であることを誇りに思っておられました。

五井先生の柏手の威力はものすごく、市川から遠くはなれた三重県Y市にある、石油精製工場に起きた火災を、その工場の責任者の依頼によりお浄めして、大火災にならず最小限の被害でくいとめて鎮火させた、というような事もあった。

谷口順子《よりこ》さんの体験手記

一つなるいのちの合唱《うた》や合歓《ねむ》の花　よりこ

一

五井先生の柏手により、このいのちが蘇った私の五井先生体験は、私のいのちそのものです。それをこれから書かせていただきます。

昭和三十七年五月、大学四年生の時です。小学校の教育実習中、理科の授業で「温室のはたらき」の学習を終えた時、一人の子供の悪戯で親しみをこめて私の肩に手をかけ、瞬時に後に引き倒されました。後頭部打撲。脳内出血がじわじわとすすみ、体力が次第次第に衰えていきました。

東京大学医学部で血管像映の検査で、脳下垂体視床下部にアンズ大の血腫が映し出されました。手術不可能の場所であったため、そのまま帰されました。

二

西洋医学に見放された娘を、なんとかして助けたい、と母は東京在住の友人・津村貞子様に私の状態を訴えたのだと思います。津村様が五井先生に強く訴え、お願いして下さり、そして先生の「大丈夫だから、とにかく連れて来なさい」という言葉を伝えて下さいました。

タクシー代も払えない私たち母子を、宇賀神先生と法友のタクシー運転手だった福田善之様のご愛念で、福田さんが自動車を運転して私たちを市川市新田の道場まで連れていってくれました。私は何も食べられない日が何日もつづいて、只死を待つばかりでした。どうしても娘を救いたい、娘の命をとどめたい、という一途な想いに母は五井先生におすがりしたのでした。

母に抱かれて五井先生の前に出た私。これだけはハッキリ覚えています。真直ぐに五井先生を見つづけ、水晶の棒のようなもので、五井先生の眼と私の眼が串ざしのようにつながった実感を覚えたことです。

黙って涙を流していた母。五井先生のお浄めはつづいていました。柏手と霊笛がどのくらいつづいたのか全くわかりません。五井先生の目は半眼というより、ほとんど閉眼だったと思います。私の目だけがキッと開かれていました。私の生命から溢れ出るような眼光が、五井先生の伏せられた眼の奥とつながって、一瞬、硬い水晶のような直線で、私と五井先生が結ばれ、自分が全く無くなったような不思議な感覚を体感しました。

三

お浄めが終わったあと、別の部屋の片隅に私は寝かされました。まわりの方々がいろいろと声をかけて下さり、母と福田さんが宇都宮まで帰ることを知って、出前を取って食べてから出発するようにすすめて下さいました。

いよいよ出前を頼む段になって、突然「私も食べたい」と起き上がったのです。自分でも驚くような変化でした。次の瞬間からは何事もなかったように、普通の人のように振舞って、親子丼をペロリと平らげ、元気に帰りの車にのせてもらいました。

帰りついてまたぐったり寝る状態に戻りましたが、日に日に少しずつよくなっていきました。昭和三十七年の八月頃だったと思います。

四

その年の十一月、奇跡的に教員採用試験を受けられました。「再起不能。もし生命をとりとめたとしても、植物人間のようなもので、家族の背負いものです」と診断された私が、母の一念と五井先生のお浄めのおかげで、大学も卒業し、社会人となり、結婚することが出来たのです。

玉手箱の煙の中の出来事のようで、信じ難いことでしょうが、私がこうして今も生きて在る事が何よりの証です。

そして生涯、いのちの不思議に焦点を当てつづけたこと、不可能を可能にする場面を何度も何度も体験させていただけたこと、めげずに最後まで研究をつづけ、退職後に大学院に進学し、ついに学位を得るところまで経験を科学し、新パラダイムを打ちたてることが出来ましたことは、すべてこの時、私のいのちに刻まれた真理の道だったのだ！　と今ハッキリそう思っています。

真の天命を完うさせていただくのは、これからだと思います。

無限のかなたに拡がる五井先生

ある人が五井先生の評判を聞いて、本当かしら、という気持で市川新田の本部道場に来た。先生はその人に何も言わず、たゞお山（聖ヶ丘道場のこと）に統一会があるからいらっしゃい、とおっしゃったのみで、霊笛《くちぶえ》のお浄めを前と背後になさった。その人はあんまり簡単に終わってしまったので、何かあっけにとられ、その日は何がなんだかわからずに帰宅した。

聖ヶ丘統一実修会の日、その人は大勢の会員のうしろに坐って、先生の話を聞いていた。やがてお話も終わり、統一実修に入った。

一体どんな風になさるのだろうと、その人はそっと目をあけて先生を見ていた。霊笛《くちぶえ》がきれいに清らかに道場一杯にひびいている。先生は丁度オーケストラの指揮者がタクトをふるように、流れるようなさまざまな印をしているのを見ていた。

すると、先生がタクトを一つ振るごとに、紫の雲がもくもくと湧き、先生が紫の雲の中に見えなくなったと思ったら、その人の方にズーッと拡がってきて、その人も紫の雲につつまれてしまった。びっくりして目をこすっても、やはり紫の雲はもくもく先生から湧き出て、その人の方にどんどん流れてきて、その人を包むのだった。

そのうちに先生との間が、畳かずにして四十畳ほどはなれていたのに、いつの間にか距離感がなくなり、五井先生がすぐ前にいらっしゃって自分を浄めて下さっているように思えた。

柏手が鳴って、とたんにものすごい光が先生から放射され、先生のお姿が消えて、光のみが燦然として輝いているのを見た。

その人はまたびっくり、先生の光体はぐんぐん大きくなり、どこまでものびて、無限のかなたにまで拡がってゆくのを見て、三度びっくり。あゝ五井先生というのは、評判どおりすごいお方だとハッキリ認識したのだった。

その人はそれまで、光を見たり霊的に感じたりするような人ではなかった。どちらかというと理屈っぽい人で、霊的なものに対しては否定的な態度さえとってきた人だった。

私自身の体験

昭和四十七年晩秋の頃だったと思う。私は胃潰瘍になり、毎晩八時すぎになると、きまって猛烈な胃の痛みで、思わず畳の目をかきむしるというような状態がつづいた。道場の仕事も休んで治療に当たった。

ある日の午後、私の状態を伝え聞かれた五井先生が「どれどれ」と昱修庵から拙宅に気軽くお見舞いに来て下さった。そして柏手でお浄めをして下さった。

五井先生がお帰りになって一時間ぐらいして、突然、おなかの真中に大きな風穴がサーッとあいたように感じた。スッキリと爽やかになった。すごくいい気分だった。これで治った、と思った。が夜八時頃になり、また胃が痛み出した。

翌日だか先生から電話があった。「どうだい?」「ハイ、あれから風穴が開いたようにスッキリしたんですが、また痛みだして…」と答えると「その痛みの原因をみてあげるから、昱修庵へおいで」とおっしゃった。そこで昱修庵へ出かけお浄めをしていただいた。「原因がわかったから、もう痛みはなくなるよ」とおっしゃった。

白装束に身を包んだ武士が切腹しているのが見えた。これが痛みの原因ということだった。現象に現われてくることは、すべて過去世の因縁が果として現われて消えてゆく姿で、現われたということでその原因は消えたのだから、現象をつかまえて、想念の法則で原因を分析、自分を咎め責める必要はない、すべて消えたのだと守護霊守護神に感謝していればいい、というのが五井先生の教えである。

現象として胃潰瘍という現われ方をした原因《もと》は、これで消えたということである。私の過去世の一駒が、五井先生に訴えたかったことがあったのかもしれない。それを五井先生が了承されたので「もう治った」という五井先生の言葉になったのだと思っている。

私は全く鈍感で、治ったと宣言されてから、一ヵ月の時間を要した。しかしあの風穴が開いた爽快感はすごかった。

私の家内の体験

白光誌に連載されていた五井先生の『創作阿難』（現題名は『小説阿難』）もそろそろ終りが見えてきた頃、この次は、法然さん親鸞さんのことも小説風に書きたい、という五井先生の内意を伺って、その準備をはじめていた頃である。

その頃の民衆の風俗習慣、どういうものを食べ、着ていたか。どんな住居だったのか。公卿・武士・町人・百姓・僧侶などのこと、どういう商売があったのか、調べておこうと思って、上野の国立図書館に通いはじめた。私一人では手が足りないので、木下藤子さんに協力を頼んだ。

彼女も私もその日の調べはすんで、道場に帰った。彼女は調べている最中から、どういうわけか肩が重くなり、体がしんどくてならなくなった。帰り道も何人もの人が重なりあって肩の上にのしかかっている。そんな感じで足が重くて仕方がなかったという。

それで道場に帰って、五井先生にお浄めしていただいた。とたんに彼女は肩も軽くなり、何か重しがとれたようにスッキリとしたという。

「どこへ行ったんだい」と五井先生。

「図書館に行って来ました。髙橋さんに頼まれて、平安時代のいろんな人の絵を写しとってきました」と彼女。

「アハハハハ……道理で」と突然笑い出した五井先生にキョトンとしている彼女に、

「十二ひとえを着た女の人がたくさんうしろについて来たよ。もう浄めたから大丈夫だよ」

という五井先生の言葉に、彼女は心から納得したという。

お浄めを頼まれた時の体験

お浄めは、現在も講師の方々に許されていることである。昔は、五井先生の見よう見まねで柏手を打った。現在は「浄めの印《いん》」というのがあり、それを授かることになっている。

講師となってはじめてお浄めをしてくれ、と頼まれた男性がその体験をこう言っていた。

「先生の前に坐って統一していますと、このあたり（相手の方が指差した場所は第三の眼の個所）から、頭の中にわたって、ものすごい光がサーッと差し込んで来て、なんともいえない良い気持になりました、と言うんです。女学生さんでお浄めのあと、おそるおそる感想を聞いてみたら、そう言ったので、何か自信のようなものがつきました」

女性の方もはじめて講師としてお浄めを頼まれた時の体験を次のように語ってくれた。

「どきどきしながら、無我夢中でしました。相手の人は男性でしたが、その人が〝頭の天辺のチャクラが開きました〟と言われたのには、こっちがびっくりしました」

初心忘れるべからず、で、お浄めを頼まれた場合、肉体の自分がお浄めするんだ、と思わず、まず「五井先生、守護霊様守護神様よろしくお願いします」と頼み、本家本元に自分ともどもお浄めしてもらうようなつもりで、お浄めの行事を執り行なえば、絶対間違いない。

勿論、その結果効果というものも、五井先生、守護霊様守護神様、神さまにおまかせするのである。

第四章　平和論と平和運動

生きた血の流れる平和論

五井先生の平和論は「肉体のみの人間では何事もなし得ない。息を吸うことすら出来ない」という人間観から出発している。

つまり、先生は人間とはいかなるものであるか、という探求をつづけ、身命を賭《と》した修行の結果、自己を神の中に投げ出し、全託し、想念停止という空観を成就し、人間とその真実の生き方を解明した。

「人間は本来、神の分霊であって、業生ではない」

この大いなる真理と真実を、ハッキリと把握し、想念にも行為にも現わしたのである。

ここから五井先生のすべての教えも世界平和の祈りも、また平和論も愛国心も人類愛も生まれている。

徹底した平和哲学、生命哲学ともいうべき思想は、ただ単なる思索の結果ではなく、心身をぶつけた徹底した自己究明の結果であるから、いわゆる神学とも違う、哲学、思想とも違うと私は思っている。観念ではなく、斬れば血が吹き出す活《い》きた生きもの、五井先生自身なのである。

霊性が開発されることによる平和

五井先生の基盤は、人間は煎じつめれば神そのものである、という神性《しんせい》（霊性）、仏性《ぶっしょう》にある。

肉体はその神性、仏性を顕現する場であり、器であるとハッキリ知っていた。ハッキリ知っていたということは、そこに少しの迷いもなければ、揺ぎもないということである。

肉体というものは時間がたてば、いつかこの世から消えてゆく。肉体はある時間存在するけれど、永遠に存在するものではなく、永遠の生命から見れば、一瞬現われては消えてゆくものである、と知っていたのである。

肉体に生きる間は、肉体を神の器として、神の光、神の愛を顕現する場所である、と尊び敬しているが、決して肉体というものに執着していなかった。

五井先生の想いの重点は、人間の神性にあり、ここからはずれることなく、神さまにすべてを全託したまま、地上の生活を送っていた。

地上に神性人間を顕現する方法として、世界平和の祈りを提唱し、世界平和の祈りに人間のあらゆる想念を統一、統合することによって、人間の神性、霊性は開発されることによってのみ、世界の平和は実現する、と人々に説き伝えた。

肉体人間からの解脱

自身は神さまに全託し、己れのすべてを神さまに返還し、肉体人間観を滅却し尽くして、神と人間とが一体となった神人として、自然法爾に生かされ生きられたのである。

肉体人間観をひたすらに神のみを想いつづけて、神の大光明の中に消滅し、直霊（神我）と一体となって肉体にもどって来た時、その自由自在性、無圭礙《けいげ》に驚嘆し、「自分がないということほど自由なことはない。楽なことはない」とその心底を吐露されている。

長い長い間につけた「人間は肉体である」という意識そして思いに、人間がどれほど把われ縛られ、自己の行動、自己の想念エネルギーを限定され、自由なる生命の働きを阻害して、日常生活が不自由になっているか、はかりしれない。

だから古来より、人は真の自由を求め、真の平和を求め、肉体人間観より解脱しようとしつづけてきたのだ。

肉体人間観の放棄は、自我の放棄につながる。神を愛し、仏を愛し、真実を愛して、神仏、真実に飛び込んで、古来からの覚者は仏を現わし神を現わしてきた。

五井先生もそのような人だったのである。

世界と個人の台所とはつながっている

しかし古来からの大聖者の代表であるお釈迦さまや、イエス・キリストと違うところは、二十世紀に生まれて、生まれ出た時期の世界が、釈尊やキリストの生存時代の世界と大きく違っているところである。

科学文明の発達によって、世界はぐっと狭くなり、時間空間がちぢまって、世界というと地球全体をさすようになり、人類というと様々な人種、信仰も風俗も異なった数十億の人間となった。

その人間の生活が大国と大国との対立によって、原水爆という核兵器の出現、核兵器の生産競争をもたらした。国と国との戦争によって、敗者も勝者もなく、すべての人類が、すべての国の人々が一瞬にして消滅しかねない、という状態になった。

世界と個人とは生活面、経済面で密接につながっていることを、世界気象の変動ということを通して如実に私どもは知らされた。今までは対岸の火事と傍観できたものが、実は自分自身の台所事情にも大きな影響を及ぼすという状態になった。

戦争という事件だけではなく、地球上をおおう天変地変（火山爆発、地震、津波、台風、旱《かん》魃《ばつ》、大洪水、大火災、山くずれ、気温の変化）によって、人類の安穏な生活は、一瞬にして吹き飛んでしまう軽いものになった。

しかし民衆の感覚は、自分のところに被害がなければ、我関せずで、いまだに真剣に世界の平和、世界人類の平安ということを考えていない。たゞ自分達の生活の便利さと安定だけを考えている。

五井先生の普通の人間の眼と違った目には、神のみ心である完全平和世界も見えていたが、一方では、大戦争による地球人類の滅亡、あるいは天変地変による人類の滅亡の姿も写っていた。

神のみ心である完全平和世界を実現するためには、幽界という次元の異なった波動の世界に起こる滅亡の様相を消滅することが必要である。そのために、地球人類を破滅より救い、より高度なる人間、つまり神人に仕立て上げるためのプロジェクトとして、神界より世界平和の祈りの光が五井先生に降ろされたのである。

祈りは人類の意識を変える

世界平和の祈りの言葉のあとに五井先生はわざわざ、「この祈りは五井先生と神界との約束事で、この祈りを祈るところに必ず救世の大光明が輝き、自分が救われるとともに、世界人類の光明化、大調和に絶大なる力を発揮するのです」

という文言を付記されたのは、そういうわけである。

先生のおすすめに従って、私たち祈り人は毎日毎日、一定の時間を定めず、いつでも何処《どこ》でも、祈りつづけている。

幽界という世界に起こって、それが地球人類の運命としてこの地上に現われる前に、守護霊守護神と協力して、世界平和の祈りを祈る地上のわれわれの肉体波動、幽体波動を媒体として、幽界にある戦争の原因、大天変地変の原因を、人類を不幸災難に陥れるあらゆる原因を、五井先生と神界との約束事によって、救世の大光明で浄化し光明化しているのである。

自己保存の本能を超えなければ

地球人類が肉体という器に拘泥《こうでい》し、肉体という自分に重点を置きつづけてきたことは、肉体人間の生活の向上、科学文明の発達に貢献してきた。一方、科学技術の発展は戦争を起こすたびに伸び、武器開発はまた生活の便利さの向上に役立ってきた。

しかし肉体人間の自己保存の本能は、科学技術の開発を極度に発達させたが、同時に地球人類を簡単に滅亡させる武器までを創り上げた。

そうした延長線上で、いかに頭をひねり、平和を実現すべく努力しても、努力すればする程人類は絶望するだけである。

肉体人間は自己保存の本能により、まず自分を守ろうとする。他人を押しのけ、他人を押し倒してまでも自己を守ろうとする。あるいは自己を守るために、他人を助けようともしない。それは人間がよく知っている。いやこの表現は間違っているかもしれない。本能によって判断も知恵も愛情も、奥に押し込め知識をくらましてしまう。知っていても知らない、というのが実情であろう。

たとえば「愛している」と口で云っても、あるいは心の底から思ったとしても、自分の都合不都合によって、その愛はもろくも崩れるのである。

愛の裏側は憎しみだという。しかし、真実の愛には裏側などというのはない。憎しみなどはない。真実の愛には愛しかない。愛に対立する憎しみなどというものはない。真実の愛は愛一元である。

もし対立してあるものとするならば、それは真実のものではなく、過去世から今日にいたるまでの誤った想念が、現われては消えてゆく姿である。

五井先生からそう教えられた。

人間は愛しているのではなく、好きな人を好きになっているだけである。己れの運命の発展をさまたげるような人、自分の感情をそこなう人、利害損得に関わる人、いわゆる損をさせる人、害を及ぼすような人を人間は愛せない。憎むのである。恨むのである。昨日の友が今日の敵になるくらい変身する。

肉体の人間では何事もなし得ない

自分の損得勘定で好きだ、嫌いだ、愛している、と言っているだけでは、世界に平和をもたらすことは出来ない。自分の利害に反すれば、一瞬にして敵対感情に変わるからである。親子関係にしても、夫婦関係にしても、兄弟関係にしても、ましてや他人と他人、他国と他国ということになると、それはハッキリとしてくる。

個人の集団が国家である。国家人民の集まりが人類である。

個人と人類とは一つである。その個人の想念が神に基く平和でなく、肉体人間の感情の利害にもとづく好悪の平和であれば、いかなる政策も、いかなる理論も、いかなる思想哲学も、個人も世界も平和にはなし得ない。

人間が肉体観を脱皮できない以上、自己を守るという名目で闘争は繰り広げられる。自分と自分たちの利益を守り、害するものに対して敵対感情を現わして戦う。相手が恐ろしいから戦えなくても、想念の世界では恨み憎しみが激しく起こり、怒りの想いは刃の如く相手を襲っている。

だから「肉体人間では何事もなし得ない」という五井先生の言葉が出てくるのである。五井先生は神我一体を経験し、あらゆる業想念を消滅し尽したあと、いかに神のみ心を伝えるべきかといろいろ思索し、人間の想念をよくよく観察されたに違いない。そこで親鸞聖人の如く、肉体は罪悪深重の凡夫、肉体だけでは何事もなし得ない、とつくづく悟られたに違いない。だからご自分の神への全託を通して、神のみ心の中に突入された経緯を踏まえて、私たちに「肉体の人間では何事もなし得ない。だから、自己を生かしている神さまにすべてお委せするのだ。その方法とは守護霊守護神への感謝、そして世界平和の祈りである」と説かれた。

祈りの光明力を認める

肉体を持った普通の人間の感情想念をよくよく観察すれば、肉体の人間では何事もなし得ない、悟ることも出来ない、ということはよくわかる。しかし悟りの道を歩んでいる修行者も、自己を肉体の人間であるという想念から抜けきれず、肉体の人間観のまま修行をつづけている。だから自己が解脱できないわけである。

肉体の自分と神の子の自分とが二つに分かれ、その上で肉体の人間を磨いて神の子の自分を現わそうとしている。しかし意識の中で、神と人間とが別々に存在し、別々なものだと思っているから、瓦を磨いて鏡にしよう、という愚行に走ってしまうのである。

そこで五井先生は人間をまず二つに分けた。業想念、業生の罪悪深重の凡夫と、神の分霊、神性そのものの自分とに分けた。そして業生の凡夫というのは過去世からの誤てる想念が、その運命、人生に現われて消えてゆく姿である、真実の自分ではなく、現われて消えてゆく、想念にすぎない。本心の前を通り過ぎてゆく雲のようなもの、また水面に浮かび上っては消えてゆく泡のようなものであると説いた。今まで自分だ自分だと思っていたのは想いであって、消えてゆくものである。真実の自分は神そのもの、神界で光り輝いているものである、と一応、二つに分け、一方の想念の自分というものを消えてゆく姿である、と断じてみせた。

迷っているのは自分ではなく、迷っている想いが迷っているに過ぎない。悩んでいるのは自分ではなく、悩んでいる想いが悩んでいるだけなのである。

その想いを消えてゆく姿であると断定し、更に世界平和の祈りにきりかえ、祈りに働く救世の大光明の中に投げ入れなさい、そして浄め去ってもらいなさい、と教えられた。このことについてはまた項をあらためて書きたいと思う。

自己保存の本能に絡むあらゆる執着の想いをいかにとり去るか、消滅し去るか、という方法を明示されたのである。

真の宗教は平和を生み出す

宗教団体や思想グループのするどのような平和運動も、自己保存の本能によって行動している限り、自らの立場や想念行為というものを一度、神さまに返上して、あらためて動き出さなければ、その運動はその団体のカルマに左右されてしまう。それでは真実に成功成就することはあり得ない。

どんなに知性的な人間も、自己の感情想念をコントロールするということは不可能に近いことである。それが集団となればなおさらのことで、只単なる人道主義的知性で抑えられるような業想念ではないからだ。

そこに真実の宗教の果たす役割が大きくクローズアップしてくる。

一概に宗教といっても、宗教団体にはさまざまな団体がある。自己の権力欲を満たそうとして、利に踊る知性の低い人々を操り、他の人の自由をおびやかして、自集団の拡大をはかろうとしている団体は、宗教という名目をかりて、反宗教的行動をしているから下《げ》の下《げ》で問題外である。

宗教団体自身がいわゆる自我欲望という業想念の輪廻より脱することが出来ず、泥沼の中をただ動いているだけでは、一般大衆を救うことは出来ない。泥沼から足を抜け出せず、足を突っ込んだままの宗教観念、宗教活動などは、今日のような地球の運命が危機に瀕《ひん》している時代には必要ない。

自己の宗派を拡大しようとするあまり、他の宗教宗派に圧力を加えるような行為に出ている教団があるとすれば、その行為そのものがすでに世界平和を乱すものであり、調和を破るものであるから、宗教戦争の流れと同一軌道を走るものである。

狂信的宗教の妄信妄執ほど恐ろしいものはない。それは幽界の生物の欲望の捕囚となって、神の光明を覆い、世界を破滅へと導く暗黒想念そのものである。宗教者が集団の力をたのみ、この世の権力を得ようとすることは、宗教本来の在り方とは全く違うものである。

何故なら、宗教者の本住の地は常に神仏の世界であるからである。本住の地をこの世の権力に求めようという妄執によって、宗教戦争が起こり、宗派争いが起って流血の騒ぎとなり、人命が失われる。

誤った宗教者、宗教本来の役目を知らずして、知っていても権力欲に目をふさがれて、権力の座に執する宗教者。その権力にふりまわされている宗教者は、世界の平和を乱す一番の元凶である。

個人人類同時成道の宗教

そこでまず自分が、この業想念の輪廻する泥沼から出なければならない。自分が真に救われなければならない。それにはどうすればいいのか?

「只単なる現世利益を唱導するような宗教では救われるわけがありません。現世利益を願う想いや自己を守りたい想いを、そのまま自然に昇華させ、世界平和を念願する高い想念に同化させる宗教でなければなりません。光明思想、高い想念に同化させることによって、個人も人類も業想念の泥沼から脱出出来るからです。その道は個人も人類も同時に救われるという高い宗教の道でなければなりません」

これが五井先生の提唱される「世界平和の祈り」による宗教活動であり、平和活動なのである。

「政治家でも思想家でも、私の考えなら世界人類は完全平和になるなどと言いきれる人は一人もいない。誰がやっても出来ないことである。まず肉体人間では何事も出来ない、と認識することが大事なので、無力なり、と神さまに全託して、全託したところから一生懸命研究する。そうすると肉体人間の力ではなく、神さまが全面的に働きかける人間の力となるのである」（『続々如是我聞』より）

宗教家の中の宗教家

肉体の人間では何事もなし得ない、と肉体人間観を全否定、神のみを全肯定した五井先生の中には、神以外は実在していない。神のみ実在、神こそわがすべて、神こそわがいのちが五井先生そのものであった。

その神さまに身心のすべてを投げ出し、神の中に飛びこみ、おまかせした。神に対する絶対信の全託から、先生のすべてのことが始まっているのである。

宗教活動も平和運動も、出発点は「全託した」という一念である。

この世にはいろいろな職種がある。政治家、実業家、農家、商人、科学者、医者、学者、教育者、官吏、サラリーマン、職人、聖職者、僧侶などなどがいる。五井先生は宗教家であるけれど、とりわけ純粋なる宗教者、根っからの宗教人である。

この世には宗教家と言われる人がたくさんいるけれど、私の言う「根っからの宗教人」「純粋なる宗教者」には滅多にお目にかかれない。

みな俗臭ふんぷんたる臭いを発している。神さま、仏さまといいながら、心の底から神を信じ、仏を信じて、神仏以外は無い、という信を持っている人は、ごくわずかである。大体の人々が「食べる」ことが第一になっているように思われる。

しかし五井先生は「食べる」ことさえ、神さまにまかせたのである。一時まかせたのではなく、生涯ズーッとまかせっきりの生き方をつづけて来た。

「何を食い、何を飲まんと生命《いのち》のことを思い煩《わずら》い、何を着《き》んと体のことを思い煩うや。汝らの天の父は凡《すべ》て、これらのものの汝らに必要なることを知りたもうなり。まず神の国と神の義（ただしさ）を求めよ。さらば凡てこれらの物は汝らに加えられるべし」

というイエスの言葉を、そのまま実現していた。

「人間というものはなかなか我《が》をなくせませんが、そういう時はどうしたらいいのですか？」

「世界平和の祈りにすべてを投げ込んでしまうようにすることだよ」

「我《が》は一体、どこから起こるのでしょうか」

「自己保存の本能からだよ」

「しかし、自己保存の本能がなければ、肉体人間は生きていけないんじゃないでしょうか？」

「生きていけるよ。神さまがすべてやって下さるから」

こうした問答を、先生とやりとりしたことがあるが、つづいて
「自分に文句があっては全託ではなく、生きるも死ぬるも、すべておまかせするのが全託で、生き死には肉体側の知ったことではない」

というお言葉で、先生の真理を徹底して実践してきた生き方にふれ、今これを書いていても、私は身のふるえる想いがする。

業想念を相手にせず

五井先生の平和論も平和運動も、純粋なる宗教心、宗教精神から発している故、業想念の固りである肉体人間、政府や国家を相手にせず、人間の本心（神）ならびに守護霊守護神の

みを相手にして、世界人類の平和・日本の平和を祈りつづけることを、主願目にしている。

平和運動といっても、五井先生の提唱されるそれは、祈りによる世界平和運動であって、おのずから、他のもろもろの主義主張思想による運動とは違っている。

この世の主義主張、思想による平和運動は、個人にしても、団体にしても、或いは国にしても、肉体人間を主にしている。だから自己や自己グループあるいは自国の有利、利益を願う想いが強烈である。

たとえば他人の子どもが死んでも、大して心が痛まないが、自分の子どもが大怪我でもすれば、他人の子どもの死以上に心が痛むものである。国と国との場合も全く同じである。そうした自己中心の業想念の人間に向かって、どんな話し合いをしても、少しでも自国に有利をもたらすように、あらゆる手段をお互いにするものである。

だから私たちの運動は、そうした肉体人間を相手にしない。誰を相手にするのか、というと、先にも言ったように神さまを相手にするのである。神さまだけを相手にして何をするのか、というと、世界人類の平和、自国の平和、世界各国の平和を祈るのである。

その神さまも世界人類を救済しようと、人類に働きかける愛の神さま（守護神、守護霊）に祈るのである。申すまでもなく救済の神には小我などというものはない。完全調和した光り輝く守護神たちの世界であるから、祈りを通してその世界に入って行けば、また各自の守護霊守護神を通してその世界につながってゆけば、救いの神の完全円満、大調和の光が各自に入って来て、この肉体世界そして幽界を光明化してゆく。

人類を救おうと働きかける光明波動が、各自の業想念を消してゆくので、次第に人類と個人の業想念の波が光明化され、個人も人類も調和してゆくのである。

これが祈りによる平和運動の根本であり、骨子《こつし》である。

平和運動といっても、私たちは抗議のためのデモ行進をするわけではない。対外的に政治的アピールをするわけでもない。また何に反対ということをするのではない。対外活動は一切、というくらいしない。たゞ世界平和の祈りを、人々に伝えるという活動と、一堂に集って同志が心を一つにして祈るということ、各自が家庭や職場で祈るということをしている。

他に働きかけても「祈り？」「神さま？」というだけでそっぽをむかれるのが、現状であった。

神我一体観の中からすべてが生まれる

この世の中には様々な主義主張、思想の宣伝が流布している。テレビのコマーシャルを通して、メディアを媒体として、人類の業想念の姿なき集合体がひそかに情報操作、意識統一をはかっている、というような動きがうかがわれる昨今である。

広い知識と深い洞察力がなければ、どんな話ももっともに聞こえる。真実に思える。そこで枝葉末節のことは各自の良識の判断にまかせているが「ひたすら心の世界の真理活動に専念するように」という五井先生のすすめに従って、祈っているのである。

「一体、どれが善なのか悪なのか、どれが正しくてどれが正しくないのか、皆目わからないのが現世界の動きであるから、そのような枝葉末節的な動きに心を把われず、根本的な神我一体観を行ずることを、第一にしなさい。その神我一体感の中から、世界平和へのすべての行動が生まれてくるのです。

自分が行動しなくても、世界を動かす人の肉体頭脳に、神我一体の光が感応して、必ずリーダーの人々を真の世界人類の平和の行動に起ち上がらせることになるのです」

という五井先生のおすすめに従って、現象の肉体人間や人類を相手にせず、自己の頭の中をかけめぐる自己中心の想いも相手にせず、すべてを消えてゆく姿と観じて、ひたすら自己を神の座、守護霊守護神の座に上げてゆくため「世界人類が平和でありますように」を唱えるということをしている。

これが私たちのやっている祈りによる世界平和運動なのである。

世界平和の祈りのパンフレット

日本の人々に世界平和の祈りを知らせるために、パンフレットが作られ配布された。更に有志の人々が、街頭でも気軽に配れるようにと軽量の葉書大二ページのリーフレットが作られた。

パンフレットの内容は、勿論、五井先生の筆になるもので、次のようなものである。じっくりと読んでいただきたい。

「地球世界の人類は、今、いったい幸福なのでしょうか。不幸なのでしょうか。こういう問を出された大半の人は、地球世界は今、不幸な状態です、と答えられることでしょう。

何故地球人類は不幸なのでしょう。それはこの世が争いの想いに充《み》ち、不調和、不完全な状態にあるからです。

地球は今では全く狭くなって、米ソ、西欧諸国の政治政策はすぐさまアジア・アフリカ諸国にその影響を及ぼし、アジア・アフリカ諸国の出来事は、直ちに西欧や米ソに反響を与えます。

今日の個人の生活は、それがどうしても個人だけに止まっていることが出来ず、国家や人類の動向に必然的に影響されてゆくのです。

ですから、今日の個人には単に個人としての生活はなく、個人の生活の浮き沈みは、国家や人類の動きに左右されざるを得ないのです。いかに有能な個人がただ単独でどのような働きをしたとしても、それで国家や人類が幸福になるということは出来ないので、国家や人類全体が、争いの想念や不調和、不完全の環境からぬけ出さないことには、個人個人の真実の

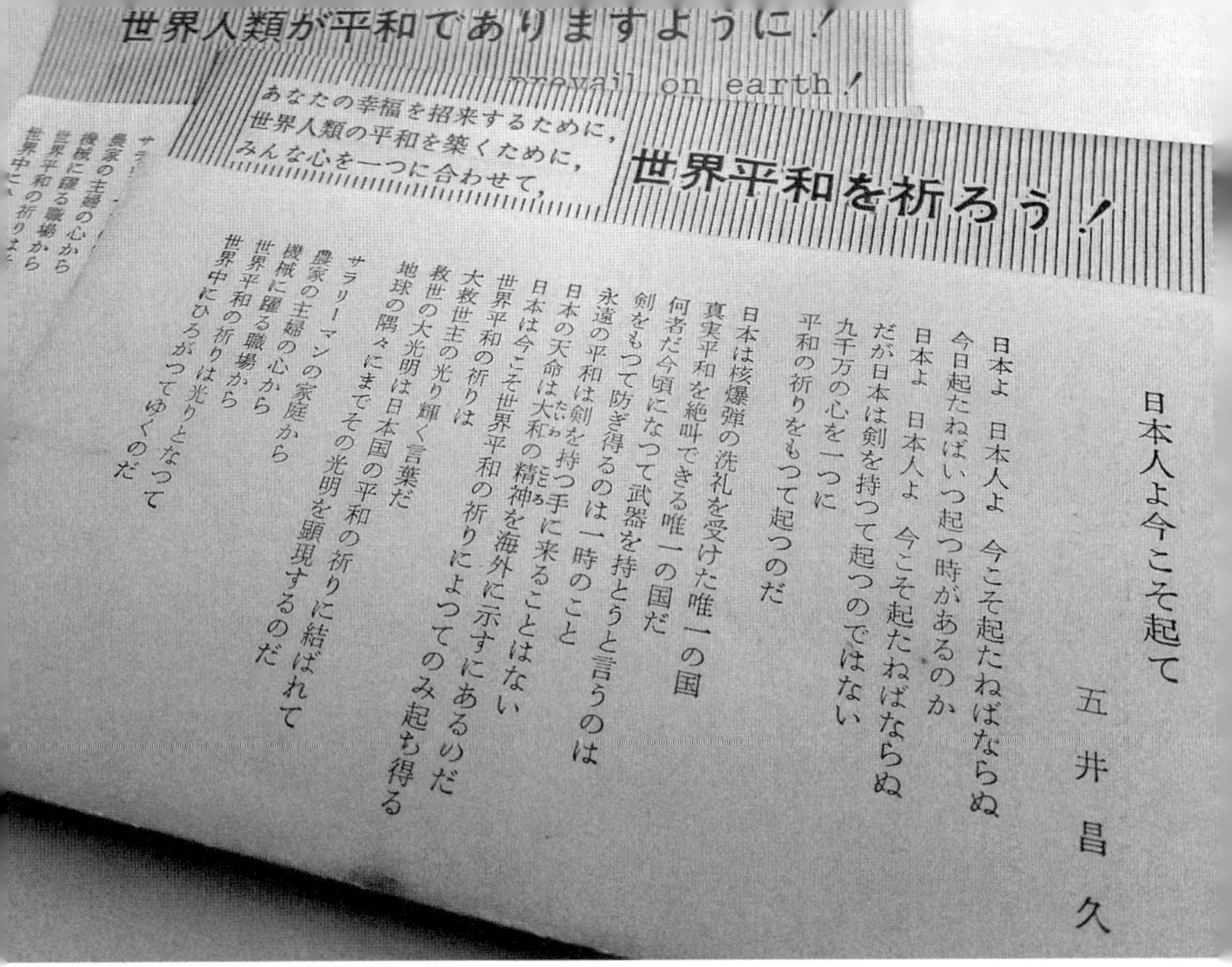
世界人類が平和でありますように！
prevail on earth！
あなたの幸福を招来するために，
世界人類の平和を築くために，
みんな心を一つに合わせて，
世界平和を祈ろう！
日本人よ今こそ起て
五井昌久
日本よ　日本人よ　今こそ起たねばならぬ
今日起たねばいつ起つ時があるのか
日本よ　日本人よ　今こそ起たねばならぬ
だが日本は剣を持って起つのではない
九千万の心を一つに
平和の祈りをもって起つのだ
日本は核爆弾の洗礼を受けた唯一の国
真実平和を絶叫できる唯一の国だ
何者だ今頃になって武器を持とうと言うのは
剣をもって防ぎ得るのは一時のこと
永遠の平和は剣を持つ手に来ることはない
日本の天命は大和の精神を海外に示すにあるのだ
日本は今こそ世界平和の祈りによってのみ起ち得る
世界平和の祈りは
大救世主の光り輝く言葉だ
救世の大光明は日本国の平和の祈りに結ばれて
地球の隅々にまでその光明を顕現するのだ
サラリーマンの家庭から
農家の主婦の心から
機械に躍る職場から
世界平和の祈りは光りとなって
世界中にひろがってゆくのだ

「祈りによる世界平和運動」の若い息吹を今に伝える小さなリーフレット。昌美先生もまたこのリーフレットを配ってまわった小さな有志メンバーのお一人であった

幸福はあり得ない、ということになってきます。

今日の世界情勢は、どの国家間の状態を見ても、大戦争へのきざしを含んだ、不調和な不気味な雰囲気をもっています。ただ、いまだその雰囲気に火がつけられていない、というにすぎません。

いつ戦争が起こるかわからない。いつ天変地異があるかわからない。そういう地球世界の雰囲気の中で、真実の幸福生活をつかんで生きてゆく、ということは、なかなか大変なことです。この世における個人の幸福は、どうしても世界人類の幸福と結びつかなければ生まれ出ないものなら、いっそこの際、個人と人類というものを一つに考えてみて、そういう観点から一切の行動をしていったらどうであろう、と私はこう考えたのです。

そこから、私の提唱している世界平和の祈りが生まれ出たのです。

世界人類が平和であること、それは取りもなおさず、個人個人が平和な環境におられることであり、個人個人が平和な環境に生活できることは、世界人類の平和が成り立っているからである、ということになります。

ところが現在は全くこの反対で、真実の平和は個人の心にも、世界人類の中にもまだ生まれ出てはいないのです。この事実は、皆さんがこの世の姿や自分の心をみつめてみればすぐにわかることです。

個人も人類も、常に不安動揺しています。現在の個人の幸福は、それは一瞬一瞬の起伏の一駒であって、永遠の生命につながる安定した幸福ではありません。

真実の幸福は、これから私たちが協力してつくりあげてゆかねばならないのです。

永遠の生命に立脚しない、虚偽の幸福感などでは、この地球世界に真実の平和は打ち立てられません。

この地球人類を不幸にしている最大の原因は、自分たちが、一なる神（大生命）から分れてきている兄弟姉妹であることを忘れ果てて、自分と他人とは別のもの、という、神のいのちを引き裂くような、人類愛にもとった生活をしはじめたことなのです。

そうした生活が今日では習性となって、自他の差別観がぬきさしならぬ業《カルマ》の波動となり、人類全体を蔽ってしまって、自我欲望の想念となり、自分や自国の利益に反する他人や他国を敵視してしまうことになってしまったのです。

ですから、今日の社会生活、国際関係の中で、五人や十人の偉人が出て、真理にそった政治をしようとしても、業《カルマ》想念の波動が烈しすぎて、その真理を実行できずに終わってしまうのです。

今日の世界は、もはや少数の人々の動きではどうにもならぬ時代となって来ているので、どうしても、多くの大衆の力が必要になってくるのです。大衆の力を総動員できる容易なる世界平和実現の道がどうしてもなければならないのです。

人間誰しも世界平和を願わないものはないのですが、いったいどうしたら世界平和が実現するかは、この混迷した世界情勢の中での一般大衆にはわかりようがありません。そこで、なんらかの苦労を伴わずやさしく入れる世界平和の道が、絶対に必要になってくるのであります。

人間の心が労せず巧まずして一つになる方法。自他の利害を区別せず、自然に自他一体観が確立できる方法。その方法が必要なのです。それには、各人の利害得失を想う想念を、一度どこかに投げ出させてしまわねばなりません。それが世界平和の祈りなのです。

私は人間とその生き方については、次のように思っており、実行しております。

『人間の真実の姿は業生《ごうしょう》ではなく、神の分生命《わけいのち》、神の分霊《わけみたま》であって、常に祖先の悟った霊である守護霊と、守護神（天使）によって守られているものである。

この世のなかのすべての苦悩は、人間の過去世から現在にいたる誤てる想念が、その運命と現われて消えてゆく時に起る姿である。

いかなる苦悩といえど現われれば必ず消えるものであるから、消え去るのであるという強い信念と、今からよくなるのであるという善念を起し、どんな困難のなかにあっても、自分を赦《ゆる》し人を赦し、自分を愛し人を愛す、愛と真《まこと》と赦しの言行をなしつづけてゆくとともに、守護霊、守護神への感謝の心をつねに想い、世界平和の祈りを祈りつづけてゆけば、個人も人類も真の救いを体得出来るものである』

〈世界平和の祈り〉

世界人類が平和でありますように
日本が平和でありますように
私たちの天命が完うされますように
守護霊様
守護神様　有難うございます

こうしたやさしい唱え言《ごと》の中に、自分たちのあらゆる想念を投げ入れて、その祈りの中から改めて自分たちの生活をつづけてゆきますと、いつの間にか、個人的な排他的な気持ち薄れて、世界人類の幸福を願う人類愛の気持が湧き上ってきて、いつとはなく、その個人の人格も完成してゆき、世界平和への個人の最大の行為である、個人生活での調和なしらべが奏《かな》でられてゆくのです。

個人の生活が平和になるとともに、人類世界の平和達成に大きな役割を果す世界平和の祈りこそ、現在、世界中において最も必要な善事であろうと思います」

祈りのリーフレット

折りたたんだ一頁目に次の詩が掲載されている。

日本人よ　今こそ起て

五井　昌久

日本よ　日本人よ　今こそ起たねばならぬ
今日起たねばいつ起つ時があるのか
日本よ　日本人よ　今こそ起たねばならぬ

だが日本は剣を持つて起つのではない
九千万の心を一つに
平和の祈りをもつて起つのだ

日本は核爆弾の洗礼を受けた唯一の国
真実平和を絶叫できる唯一の国だ
何者だ今頃になつて武器を持とうと言うのは
剣をもつて防ぎ得るのは一時のこと
永遠の平和は剣を持つ手に来ることはない
日本の天命は大和の精神《こころ》を海外に示すにあるのだ
日本は今こそ世界平和の祈りによつてのみ起ち得る
世界平和の祈りは
大救世主の光り輝く言葉だ
救世の大光明は日本国の平和の祈りに結ばれて
地球の隅々にまでその光明を顕現するのだ

サラリーマンの家庭から

農家の主婦の心から
機械に躍る職場から
世界平和の祈りは光りとなつて
世界中にひろがつてゆくのだ

（詩集『いのり』より）

そして次の文章が詩に続く。

「皆さん、私たちは個人の幸福と人類の平和とが同時に成就するのには、一体どうしたらよいかと常に考えているのです。そうしてこういう結論が出たのです。

人間は誰でも善いことがしたいし、人に悪く思われたくないし、不幸や貧乏や病気になりたくない、というように、万人が調和した住み心地よい環境にありたいと思っているのです。

これは国家や民族の間でも同じことで、どの国も戦争はしたくない。お互いに平和につき合いたい。そういう気持でいるのに、お互いの政策のゆき違いで戦争になったり、今にも戦争が起りそうな状態に世界をもっていってしまっているのです。

どうしてそうなるかというと、個人の想いと個人の想いが離れすぎている、国家と国家の利害が相対しすぎている、というところからそんな風になってしまうのです。

そこで個人も国家も、自分だけの立場や自国だけの利害ということをひとまず置いて、人類世界を滅亡させてしまうような争いの想いや不幸不満の想いを、どこかへ片づけてしまうことにしたら、どうだろうということなのです。

国家とか人類とかいうことは、個人の私たちが口先きで兎や角いっても仕方がないから、まず自分たち個人の貧苦も病苦も不幸も不平不満も、ちょっとの間そのままにしておいて、そうした想いも含めた心を、世界人類の平和を念願する、という一点に集中してしまって、日本なら日本の国民全体の心を、個人個人の立場から、世界平和を念願するという、一つの立場に持っていってしまう日常生活に切りかえてゆけば、いつの間にか日本人の心は世界平和という、大きな心一つに融け合ってしまうと思うのです。

そうしますと、自己のもっているあらゆる苦悩も、いつの間にか世界平和という大目的の中に消え去っていって、苦しい環境にありながらも、今日までよりも余程苦しみの少い心境になれると思うのです。

そこで私は、世界平和を念願する共通の祈り言《ごと》を提案したいのです。それは——

世界人類が平和でありますように
日本（祖国）が平和でありますように
私たちの天命が完うされますように
神さま有難うございます

という神への感謝とともなる平和祈願なのです。これは朝昼晩の食前に、夕べの床に、職場の往復に、日常茶飯事の心のひまをみては、各自の都合のよいように祈りつづけて下さればよいと思うのです。

こうしていれば、必ず個人の幸福と人類の平和とが成就される、大きな働きになると確信しているのです。

どうぞ皆さん、今日から早速実行して下さい。世界人類は今や危急存亡の時なのです。どうぞ人類救世の一役を貴男も貴女も買って下さい。

己《おの》が幸《さち》願ふ想ひも朝夕の世界平和の祈《の》り言《ごと》の中　昌久」

このリーフレットは昭和三十五年頃に作られ、会員メンバーの協力を得て、駅前とか人がたくさん集まる繁華街で一勢に配布された。或いは一軒一軒のポスト、団地のポストに配られた。

原水爆禁止平和会議が開かれると、その会場前で、「日本沈没す」というような映画が上映されると、その映画館の前で配られた。

明徳印刷のご奉仕により印刷費も紙代も無料。合計二千万部以上が日本全国に配布された。

このリーフレット配布運動がのちにピースステッカー貼布活動とか、ピースポール建立活動につながって、やがて各国語に翻訳された「世界人類が平和でありますように」の言葉が、世界各地に流布されていったのである。

第五章　本心と業想念を区別する

自分と自分ではない自分

五井先生の教えの特長は〝自分を赦し、自分を愛し〟と教義にもありますように、自分をまず第一番に打ち出していることです。

普通は人を赦し人を愛し、自分はあとまわし、ということになりますが、先生はその逆でした。

何故かというと、自分というものが実は、自分にとっては勿論、人類にとっても最も大事な、一番貴《とうと》い存在であるからです。そういう自分というものを根柢にして、すべての生き方を考え、そして行じなければ、他の人のことを真実に考え、思いやることは出来ない、と五井先生は思っていたからです。

その一番大事な、一番貴い存在である自分自身とは何かというと、神でもあり、神の分霊であるのだ、とハッキリ真の自分を定義しています。

私たちは、この教えを聞くまでは、想いの糸が何重にもこんがらがってくると、ますますもつれてどうしようもない自分を嘆いておりました。

糸がもつれてもつれて、迷いの解決のつかない自分を自分だと思っていました。そしてその自分をなんとか処理しよう、ともがいていました。しかし解決がつきませんでした。

それを五井先生はスパッと二つに割って、掌の上にのせるように見せてくれました。

今まで自分だ自分だ、と思っていたのは、実は自分ではなく、想いにすぎない、それも過去世から今日にまでつづいている想いの癖にすぎない、と今までの想い違いを指摘されたのです。

その想いの癖はつまり迷いの波動は、迷いの想念或いは迷いの行為という形に現われたら、みな消えてゆくものなのだ、と明らかにされたのです。

想いというもの、因縁というものは肉体にくっついて、離れないものだと考えていたのは間違っていたのです。

雲は通りすぎゆく

どんな苦悩というものも、苦悩という目に見え、感じられるものになった時には、因縁（原因）が結果（因果）として現われてしまったのだから、結果として現われて消えてしまってもう無いんだ、というのです。

本当の自分というのは、神そのものでもあり、神の分霊でもあって、太陽のようにいつも光り輝いているもの。想いの癖というのは雲のようなもので、太陽の前をたゞ通りすぎて消えてゆくだけなのだ。

雲が通りすぎてゆく時、太陽はちょっとかくれて見えなくなるけれど、太陽はいつも雲の向こう側で光り輝いているように、人間も迷いの雲に覆われて、どうしようもないようになっていても、実は人間はなくなったのではなく、雲に覆われたわけでもなく、いつも光り輝いていて、たゞ雲が通りすぎてゆくだけなのだ。

たとえば迷っているとしても、迷っているのは迷っている想いが現われて、勝手に迷っているだけで、本心は迷ってなどはいない、神そのものとして、神の分霊として星の如く光っているのだ。その光り輝いている本当の自分に、想いを転換しなさい、というわけです。

どうやって転換するのかと言うと、世界平和の祈りを唱えるのだ。迷ったら迷ったまま、苦しい時は苦しいまま、世界人類が平和でありますように……、と唱えることによって、想いのエネルギーの流れが祈りの中に流れていって、祈りに働く救世の大光明によって迷いも苦しみもみな浄められてゆく。だからそのままつづけてゆけば、時間がたてば、どんな苦しみも必ず自分から離れて消えてゆく、と順序だてて五井先生は教えているわけです。

投げ入れるということ

とにもかくにも、想いに把われるということが問題をひき起こすのですから、その想いを自分から切りはなし、神さま（守護霊守護神）の中に突き放すことが出来れば、人間は突き放したその分だけ、楽になるわけです。

そこで自分がゴチャゴチャして、よくわからなくなったら、まず本心と業想念（迷いの想い）とをハッキリ区別しなさい、ということです。

どういう区分け作業をするのか、と言うと、

「本心の自分は神そのもので、これが自分の本当の姿である。今、ゴチャゴチャしているのは自分ではなくて想いである。その想いが消えてゆくところである」

とまず思うことなのです。

思ったからと言って、すぐ想いを自分から切りはなせるわけではありません。そこで本心の自分もゴチャゴチャした想いも、一緒にして世界平和の祈りの中に入れることをします。

祈りの中に入れるということは〝世界人類が平和でありますように……〟と唱えることで、迷い苦しさ辛《つら》さ不安恐怖を胸の中に持ったまま、それらを一緒にひとまとめにして、今、目の前に祈ることによって立った祈りの大光明の中に、ほうり出すのです。

思い出して下さい。世界平和の祈り言葉が毎月発行される白光誌に印刷されています。その祈り言葉の最後に、活字が少し小さくなって「この祈りは五井先生と神界との約束事で、この祈りをするところに必ず救世の大光明が輝き……」という文言がついていることを、思い出して下さい。

誰が祈っても、そこに救世の大光明というすごい救いの光が輝くのです。私はそれを信じ

て、大光明の中に、祈りも想いも、自分もともに捧げます。とです。それが「投げ入れる」ということです。

そうすると、守護霊守護神さんが救世の大光明と一緒になって、迷いを祓《はら》い浄めて下さいます。その上、想いも世界平和の祈りの祈り言葉にさそわれ、その言葉の力によって、小さな肉体人間の自分の殻から解放され、いつの間にか地球一杯に大きくひろがってゆくのです。

そのまま祈りつづけてゆけば、どんなこんがらがった糸もいつか皆解きほぐされて、本心と想いとが一つになり、心安らかになってくるというわけです。

すべては消えてゆく姿

とかく迷っている最中は、迷っている想い、苦しんでいる想い、悲しんでいる想い、不安になっている想いを、自分だと思いがちですが、その自分は想いですから、泡のように現われては消えてゆくもの、ある一定の時間存在して、そして消え去ってゆくものです。

だから「消えてゆく姿」とあらためて思って、その想いは自分ではないと否定し、否定したらその光を、世界平和の祈りの中にもってゆく。祈りに働く救世の大光明という守護神団にもってゆけば、すべてきれいに消し去って下さるのです。そういう道筋をつけて下さいました。これは一般大衆にとって大きな福音です。

次の五井先生の詩をお読み下さい。

本心

五井　昌久

——『白光への道』序詩

地球の未来を輝す為に
人々が是非共知らなければならぬ事がある
それは御身たちの真実が
御身たちの本心が
肉体生活にまつはる欲望と恐怖と
そして悲哀と憎悪と云ふ
黒い翼に蔽はれてゐると云ふ事である
それよりも亦《また》一層深く知らねばならない事は
御身たちの本心は
御身たちの真実は
宇宙を動かしてゐる大いなる智慧
無比絶対なるエネルギーの源泉に

其の基を置いてゐると云ふ事である
御身たちの本心は常に神と一つであり
御身たちの真実は神から発する光であり
そして御身たちは嘗《かつ》ては本心そのものであつたと云ふ事である

欲望　恐怖　悲哀　憎悪
そうした業生《カルマ》の想念は
御身たちが神の光の世界から
肉体と云ふ形の世界に自己限定した時から起つたもの
現はれては消え去る大海の泡沫
夢幻が画く一夜の劇

人類が争つてゐるのではない
人間たちが迷つてゐるのではない
争つてゐる想ひが
迷つてゐる想ひが
今　消え去らうとして人類の前を本心の前を通り過ぎてゆくところなのだ

御身たちは只黙つて
御身たちの本心が神と座を一つにしてゐる事を想つてゐるがよい
光り輝く神と本心とをみつめつづけるがよい
心を落ちつけ　想ひを静め
只々　神の光明を観じてゐるがよい
そうしてゐる時が一番
様々な業生《カルマ》の想念《おもひ》が消え去り易い時なのだ
御身たちよ
消え去る業生《カルマ》を止める事はない
夢幻の苦痛を想ひかへす事はない
御身たちが止めさへしなければ
想ひかへしさへしなければ
業生《カルマ》は再び御身たちの下に戻つてくる事はない
御身たちは今
本心そのものである
神の大光明と全く一つの者である
地球の未来を光一色で画き出すものである

（詩集『ひゞき』より）

心は一つしかない

心というものは一つしかない。これは五井先生から教えられた教訓です。

こころとは何か、因みに角川の国語辞典をひいてみますと「精神、知識、感情、意識の総称。考え、気持ち」などと出ています。総称とは言い得て妙ですが、私たちは「心」も感情も気持もごちゃごちゃに混ぜあわせて考えているところに、大きな間違いがあると思います。そこに迷いや把われが生じた原因がある、と思います。

五井先生の詩に「こころ」という詩があります。

こころ

こころよ　こころよ　どこにゐる
まことのこころよ　どこにゐる
探し求めて　幾転生
私はこころの在り場所を

はじめて　しっかり識りました

こころは天にありました
いのちの中にありました
光の中にありました
私の中にありました

こころは私でありました
こころはいのちでありました
こころは光でありました

人と人とをまんまろく
天と地《つち》とをまつすぐに
つなぐ光の波でした

（詩集『ひゞき』より）

いのちだと思っていたもの

こころを探し求め、幾たびか転生をくりかえして、ついに五井先生は今生でこころをさぐりあてたのです。こころをわがものとされたのでした。

その求め得てわがものとされた「こころ」とは何かというと、神であり、真の自分自身であり、自身の光明でもありました。永遠のいのちであり、神性そのものでありました。

想いがついにこころと一体となり、こころの中に溶け込んで、今まで天の彼方にあると思っていたこころが、実はわが内にあり、自分自身であり、自分自身の光でありいのちであることもハッキリわかってそれ以来、五井先生は人々にこころの在り場所を教え、その方法を説いたのです。

その菩薩《ぼさつ》心が人と人、天と地、理想と現実、をつなぐ光の波となって、次々と人を救い上げていったのでした。人々を光明の世界に導き上げ、人々をカルマから解放し、真の自由の世界に連れ出したのです。

人々のよろこびと平安が、世界人類の平和へと更に光の波をひろげていったのでした。

私たちの心を明らかにするために、まず先生がなさったのが、心の仕分けでした。心と想念との相違、区別を示しハッキリとさせたことでした。

ハッキリと一度は分けることによって、真と偽がわかります。わかった上で、想いと心（本心）とを一つにさせる道・方法、つまり覚醒の道を教えて下さったわけです。

真のこころとは本心のことであり、本心とはつねに神の座にあり、神と座を一つにするものであり、神の光明そのものでもあります。（前出の詩「本心」を参照にして下さい）

このこころこそが私たち神の子人間のこころそのものでありますし、神であったわけです。「人間が今迄、自分だと思っていたのは、習慣的想念なのです。自分がいのちだと思っていたものは、肉体という器の中に限定していたものであって、生命《いのち》の本体ではないのです」と明らかにしたのでした。

「想念」と「本心」

明らかにされる以前は、私たちはこころも感情想念も同じもの、同じレベルのものと思っていました。しかし真《まこと》のこころ、本心というものは、神そのものであり、神の光明でもあって、感情想念つまり、悲しいとか淋しいとか、憎むとか恨むとか執着するという想念とは、次元もレベルも軌道も全く違うものだったのです。

それらの想念は習慣性のものであって、今の想いではなく、真に神を知らなかった、心を知らなかった過去世において放った想いであったのを、本心と同じものと考え、思ってしまったところに迷いが生まれ、把れが生じたわけです。

悲しいこころ、淋しいこころ、不安なこころなんてなかったのです。憎むこころ、恨むこころなんていうものはなかったのです。

それはこころではなく、過去世から習慣性になっている癖の想いだったのです。

こうした相違と区別をハッキリと先生はつけて下さったわけです。そうした上で、その想念感情の処理方法を確立して下さったのでした。つまり、想念感情というものは、みな表面の意識に現われた時消えてゆくものであるから、消えてゆくのである、と想いなさい、と教えて下さったわけです。

どんな想念もそのまま放っておけば消え去ってしまうもの、過ぎ去ってゆくものなのに、それを摑まえてしまって呼び戻したりしたので、なかなか消えてゆかなかったわけです。

こころというのは一つしかありません。本心以外はみな現われては消え去る泡のようなもの。迷いといえど、妄念といえど、煩悩といえども、いわゆる私たちを苦しめる苦悩というのは、どんなものといえども必ず消え去るものである、と断々固として思うことだと、繰り返し繰り返し先生から教えられました。

「不幸災難が現われた場合は、必ずその人の過去世からの想念行為の過《あやま》りが、そうした出来事に現われて消え去ってゆく時なのです……自分が悪かったと思ったら、瞬間的に思うだけでよいので、いつまでも自分が悪かった、とくどくど思う必要はありません。悪かったから出て消えたので、もう過《あや》まっていた自己の想念行為（業）は消え去っているのです」そう五井先生は説いています。

本心と業想念を区別することが出来た時はもう、立ち直っている時です。そして業想念を消えてゆく姿である、消えてゆくのだと思い始めた時は、神さまの側にあなたは立っています。その上で、消えてゆくのだと思った想いを、世界平和の祈りに転換することによって、あなたは本心の軌道、神のみ心の次元に転換されています。

そのまま〝世界人類が平和でありますように、神さま（守護霊守護神）ありがとうございます〟と祈りつつ、まっすぐ生活をつづけてゆけば、あなたには道が開かれてきます。

「相対的なこの世界、形の上のこの世の善悪ともに、やがて消えて去ってゆく姿であり、その消え去ったあとに、善悪相対をこえた、お互いに善意だけに生きる光の世界、神の世界が現われてくるのです」

本心を見つめよ

人類を真実の平和世界にするのを妨げている二つの誤謬《ごびゅう》がある、と五井先生はおっしゃっています。

その一つは、人間のいのちを肉体だけに限定して考えている誤《あやま》り。

もう一つは、想いをつかまえて「心」であると考えている誤りです。

この思い違いを一日も早く改める方法は、一に、本心と想念とは違うもの、心は本心という神の心一つしかない、他はすべて迷いの想いであって、すべて現われては消えてゆくものである、という五井先生の光明思想、考え方、生き方にあると私は信じております。

人間のいのちを肉体だけに限定している考え、というのも消えてゆく姿であります。私はこの教えをとことん実行しつづけてゆきたい、そして本心との一体化を実現したい、とつとめております。

「人間よ、

想念を鎮めて本心を見つめよ。

ひたすら神（守護霊、守護神）をよびつづけ

本心開発の加護を願え

さすれば自由自在心を得ん」

と五井先生は断言しておられます。

第六章　守護の神と法則の神

神とは誰か

本心と業想念とをハッキリ区別して説いたことと、神の働きを二つに分けて説いたことは、五井先生の教えのキーポイントであり、特長であり、と同時に他の教えより秀れた点であります。

つまり、神の存在、働きを生命としての神、法則としての神と、人類救済のために働く神霊、つまり守護神守護霊とに分けました。

そして創造主的神、大生命、法則の神としての神はそのままふれず、重点を人類救済のために働く光明波動である、守護神、守護霊の働きに置きました。

普通私たちが神さま神さまと求めている場合の神は、宇宙神を指《さ》しているのではなく生命としての神、法則としての神を指しているのでもなく、私たちを苦しみや悩みから救って下さる神、助けて下さる神、知恵や力を与えて下さる神を指しています。

仏さまも同じです。この世に現われている仏さま、いろいろな観音さま、菩薩さま、明王《みょうおう》そして阿弥陀如来や薬師如来など、救済部門を担当していらっしゃる仏さま方を、私たちは総称して仏さまと慕って呼んでいます。

神（仏）さまに完全に救われれば、そのいのちは自然と大生命の法則、宇宙の法則にのって悠然と生きられるわけです。しかし大生命の法則、宇宙の法則にのる前に、法則をはずれて苦悩している人間をまず救い上げることが必要です。そこに宗教が生れたわけがあります。その救い上げる働きをして下さる神（仏）さまを救済の神、愛の神と言い、その存在を守護神守護霊という働きで見せて下さったのが、五井先生です。

旧約聖書の中で、神さまが、われは怒りの神、妬みの神と言っていたのには、私はあきれました。自分以外の神を拝んではいけない、拝んだら罰をあてるというような、そういうことが書かれています。神と言っているけれど、なんと人間と同じではないか。人間感情を超えた超越性の何もない、感情想念まるだしのものが、肉体人間以上の力をもって人間に臨んでいるのであれば、人間はたまったもんではない。神への真実の帰依、全託が出来ないではないか、と思いました。

自分に都合のいい時には可愛がり、都合の悪い時には責め裁く、というのでは、安心立命などほど遠いものとなります。

そんな神であり、仏であるとすれば、この世の苦悩（災難・病気・不幸・不調和等）を自分たちが間違った想いや行為をしたため、神の言う通りに従わなかったための神罰仏罰のせい、と思っている向きの信仰者が多いのも無理はありません。

そういう人たちが幸せであるか、心明るくいのちのびのびと生き生きと生きられるか。宗教信仰を持ったがために、かえって心不自由になり、心がおびえているようであれば、宗教など信仰など無いほうがいいです。

神が愛であるならば、仏が慈悲であるならば、なぜ神が怒り妬んで自分の子を責め裁き、苦しめこらしめてやれ、と罰することがありましょうか？

人間は神の下僕なのか？　人間は神の召使いなのか？　強権をもった神にこき使われるだけの手下家来なのか？　もし人間がそうであるならば、罰せられることもあるでしょう。しかし、人間は神の分霊であり、神の子であり、神そのものであって、完全円満なる光の一筋である、という真理からいけば、そういう神仏観は全く納得いかない、理解できない神仏観であり、人間観です。

専制的独裁者の神仏の顔色や鼻息をつねに伺い、戦々恐々として生きていかなければならないとしたら、その神観、仏さま観では人間に真実の平安も救いもないことになります。自分の言うことを聞かせよう、といつでも自分に隷属させているような者には、神本来の自由性も自主性もありません。

神の本来性は自他の自由を認める自由性であり、自他の自立を促し認める自主独立性であります。相手を縛ったり、相手に強制したりするところは全くありません。

でもそうした誤った神仏観、宗教観、人間観を持っている人が現代でも案外多いのです。

だから、入信入会する時にさんざん脅かされ、退会しようなどとしようものなら、それ以上に脅かされ、おびやかされて、嫌でもその宗団につながれているという状態になるわけです。私がここであげた神仏観、宗教観などはまことに低俗なものであることが、『神と人間』の中で、五井先生が〝救われに入る人間観〟を七つあげているのを読むと、それがよくわかります。

救われに入る人間観七つ

一、人間は肉体のみにあらず、肉体のうちに生命となって活動している何かがある、と認識して、そうした方向に生きている人。それは天国への階段を一歩踏み出した人である。

二、人間は霊が主であり、肉体が従である、という思いに入った人。これは同じ階段を二歩三歩昇った人である。

三、人間は神によって創られた者であって、あくまで神の下僕《しもべ》である、とことごとに神の審判を恐れつつ、しかし行いを謹《つつ》しんで神にすがっている人びと。この人びとは、真の人間観からいまだ遠いが、他人を傷つけぬ場合は、天国の階段を昇り得る。

四、人間は神によって創られた被造者であるが、神は愛であるから、愛の行いを積極的にしていれば、決して自己に不幸はこないのである、と確信している人。この人も天国の階段を昇っている。

五、神のことも、霊のことも、特別に考えぬが、ただ、ひたすら素直な明るい気持で愛他行している人。この人も天国に昇り得る。

六、肉体界以外のことは知らないが、素直な明るい気持で、愛他行ができ、しかも神仏の存在を信じ、あわせて、この地上世界が必ず善くなることを信じて生活している人。この人は天国の住者である。

七、人間は霊であり、肉体はその一つの現われであって、人間そのものではない。人間とは神の生命の法則を、自由に操って、この現象の世界に「形の上の創造を成し遂げてゆくものである」と識って、それを実行している人。

この人は覚者であって、自由自在心である。即ち個の肉体を持ちながら、みずからが霊そのものであることを自覚し、その霊とは神そのものの生命であることを識り、神我一体観、自他一体観を行動として表現してゆく人。たとえば仏陀。キリストの如き人びとである。

普通の人は、五・六で十分満足することでしょうし、こういう人々は素晴らしい人間と言えるでしょう。しかし五井先生の教えにふれ、教えを信じ実行する私たちにとっては、七の人間観を現実に現わすことを第一といたします。つまり神我一体観、自他一体観を行動として表現してゆくことを、私たちは日常生活の目標としています。

自他一体観からは苦しんでいる人を苦しみから解放し、悩んでいる人を悩みから解放する、という救済の菩薩心が生まれます。ということは自分たちだけが救われて、それで善しと出来ない心を持ちます。ですから五井先生の世界平和の祈りに共鳴し、共振し、五井先生の人類を救済しようという大天命、大菩薩心の成就、完成の一端という光栄を荷わせていただきたい、と思って、五井先生について来ました。

そのような決意、覚悟を心底《しんそこ》から想えるようになるために、私たちには相当な時間経過と、業想念の浄化が必要でした。私たちに業想念の浄化と覚悟を定めさせてくれたのは、守護霊守護神の存在と働きであり、なかんづく守護霊さんの働きは絶大でありました。

自叙伝『天と地をつなぐ者』の最終章に、五井先生は次のように守護霊守護神の存在と働きを、口をきわめてほめ称えておられます。

「私の背後に誕生以前より、私を守護し指導していた守護神、守護霊が厳然として控えていたことを、すべての修行のすんだ直後に、はっきり知ったからである。

私がはじめから現在、私が教えているようなことを知っていたら、もっと早くもっと苦しみなく、今日になり得たかも知れないのだが、そうしたことを私が自ら体得して、世に発表し、指導するのが私に受け持たされた天命の一つであるのだから、私以後の人たちのために―ということになるのは仕方がない。もっとも守護神とか、守護霊とかいう言葉は昔からいわれていたのであるが、今日、私が説いているように、真理の言葉の裏づけとして、わかりやすく行じやすく説かれたことはまだ一度もなかったのである。

守護霊・守護神なくしては、この地上世界に宇宙神の理念は絶対に実現しないことを、私は実にはっきり知っているのである」

わざわざ附線を引いたのは、重要な五井先生の言葉と思い、読者の皆さんの関心をひくためです。

その次に何故、先生が法則の神と人類救済の神との二つに分けたか、その理由をわかりやすく述べていらっしゃるので、少し長くなるけれども、その名文をどうしてもご紹介したいと思いここに引用いたします。

一

宇宙神の一つの現われは法則としての神である。無念・無相《そう》・無情、ただ大生命として無限なる流れである。その流れの一つ一つとして人間の小生命がある。

その小生命となった時、はじめて幽体ができ、普通、物質と呼ばれる肉体ができたのである。そしてその小生命が幽魂となり、肉体として個々に分れた時、分れたという意識によって、自己を守る本能が生じ、欲望が生じ、業生《ごうしょう》の世界になってきたのである。

このままで法則のまま放置しておけば、この世界は業生の渦の中に、ついには消滅し去ることは必然なのである。それは、この世界を、まともにみつめ得る人の誰もが思い至るところなのである。

法則である神は無念であり、無相《そう》であり、無情である。法則に情があれば法則でなくなる。無念であり、無情であるものが人類を救おうと思うわけがない。まいた種はまいた種そのままの実がなる。それが法則である。恨みは恨みとなってかえり、怒りは怒りとなってかえり、悲しみは悲しみとなってかえる。これが法則である。

この法則だけで人類が救えるわけがない。ことに無神論の生れてくる理論が成り立つ。こんな法則の神だけで成り立っていたのでは、人類世界は唯物論の世界となり、力と力が勝負をきめ、地球の破滅は時間の問題となってくる。

二

「神は愛である」という神は法則の神ではなく、守護神としての神である。宇宙に満ちみちている生命という神ではなく、人間と等しき愛念をもつ神である。

この二つの神の現われを一つ、と誤解し出したところに理論的宗教がもつ現実的矛盾がでてくるのである。

法則としての神にいくら頼みごとをしても聞き入れてくれるはずはない。法則は絶対に曲らぬからである。法則の通りに自分の心を自分で委ねてゆかなければ、決して救われることはない。

ところが、ひとたび法則をはずれた歩みに入った人が、自分だけでまた元の法則の上に自分を還えすことは、ほとんど出来得ないと思われるほどの難事である。これでは神の必要もなければ、宗教の必要もなくなってくる。そこにつけ入ってくるのが、低級なる現世利益のみの宗教である。

三

そうした宗教では、その人の真の利益、魂の浄まりはまるで無視して、ただ単なる目先の現実利益だけを得させる。それによって後に、その人の魂がどのように苦しみ損ずるかは問題の外なのである。しかしすがってゆく人間にとっては、その場の苦しみだけを問題にしているのだから、その場がとにかくすごせれば有難いご利益となるわけである。

これが邪教のはんらんとなってゆく。この原因は、正しいと称される宗教が、前にいったような誤《あやま》りを意識せぬ理論的な宗教論になっているからで、いかにその理論が正しそうに見えていても、その底に神の愛情を感じさせぬような法則論の宗教では、たとえ邪宗教であっても、現世利益の多いほうに民衆はついてゆく。

私は二つの宗教の流れを今日の宗教界にみていたので、正しい宗教理論の上に、守護神という愛なる神の人類救済的指導力をおいたのである。

私はすべて守護神、守護霊という救いの力を中心にして、業因縁はすべて消えてゆく過去として取り扱ってしまったのである。

四

実相として完全円満を宣伝してても、現象として心の法則をもってくれば、せっかくの完全円満が消えてしまうのである。

また神様、神様と祈っても、眼にもみえず、手にも触れない実感としてぴんとこない神様では、絶対的にたよりきるにはつかみどころがない。そこでイエスとかマリヤとかいう一度肉体に現れたことのある、いわゆる実在したことのある人物の神格化を通して救われようと願うのである。

仏教的には教義の面だけでは一般民衆にはわかりにくいので、仏像という形をつくり、その仏像を通して救いの力を得ようとするのである。

お経でもそうである。中の意味が理解できるできないということと全く別に、ただ有難い功徳のある経文だという概念だけで、誦経する人が大事なのである。

何かつかみどころがあれば民衆はそれをつかんで自己の心を勇気づけ慰めとするのである。

こうした人間一般の心を無視した宗教理論だけでは、邪教と思われるご利益宗教にかなうわけがない。民衆は現実面でただちに救われたいのである。永遠の救われということはひとまずおいて、その場その場をうまく切りぬけてゆくための神様が欲しいのである。

五

守護霊・守護神とただ言っただけでは、やはり実感としてぴんとこない。この守護霊や守護神が、自分たちと同じように人間的愛情をもった、しかも自分とつながり深い、親の親――つまり祖先の悟った力のある人、あるいは生れる前から自分につきっきりでみていてくれる愛情をもった神、でなければならないのである。何があっても、自分を真っ先に救ってくれる肉親的愛情の所有者である神が必要なのである。

私はこうした神を、守護神として改めて民衆に発表した。そしてその下に、真実、肉親として系図をみればわかるような祖先を、守護霊としてはっきり認識させるように教えている。今までなんとなく漠然としていた守護神、守護霊を、各自が自分のものとして、暖かい想いでつかみ得るように示したのである。

「守護霊さん、守護神さんにつねに感謝してお任せしておれば、あなたの汚れを浄めながら、あなたの危険をいつも防いでいて下さるのですよ」と教えられれば、神への全託が非常になしやすくなるのである。事実、霊界、神界において、これら守護霊守護神が、人間一人一人のため、或いは人類すべてのため、どれだけ偉大な働きをして下さっているか計り知れないのである。それは現在私が、そうした神霊たちの浄めの場所として、私の肉体を提供しているので、はっきり明言できる立場にいるのである。

以上、まだ書き足らない説明不足のところがあるけれど、神の働きを守護救済の神と法則の神とに分けた、五井先生の教えの特長について申し述べました。

第七章　二つの永遠の生命観

どうしたら人間は救われるか

五井先生のいづれの論説というか、説法も、いつもどうしたら一般大衆が救われるか、という見地に立って説かれている。

只単なる観念論で終っているものは、唯の一つもない。

一部の上根の人たちだけに説かれる、ということはない。

話のスタートがそれで始まったとしても、終りは一部の菩薩級の人たちだけでなく、あらゆる分野の底辺になっている仏教でいう「衆生」、現代的にいえば「世界人類」への話になっている。

つまり、どうしたら人間は救われるか、どうしたら苦悩から脱出出来るか、という具体的な救いの道筋を明らかにすることから、更にその奥に踏みこんで、人間の神性、霊性を自覚させる方法を易しい言葉で説き明かしている。

むずかしい言葉、むずかしい議論は一つもない。と同時に普通の人が行じ得ないむずかしい行《おこな》いもない。

そうしなければ、世界は平和にならない、というのが五井先生の持論である。

この永遠の生命観についての話も同様である。

死ぬのがこわい

「私は死ぬのが恐ろしい。だから永遠の生命とは具体的にどういう状態なのか教えてほしい」と正直にある著名な評論家が訴えた。

新聞の文化欄に「宗教とは昔も今も、現世のものでなく、本質的に死を問題にし、永遠の生命を与える筈のものなのに、現代の宗教（既成、新興とも）はその役割を果していない」という批評とともに、その訴えは掲載された。

その教えに、仏教とキリスト教からそれぞれ現職の人が論文を寄せたが、いずれも観念論で、具体的にこの一人の「死がこわい」という人間の不安を取り除くほどのものではなかった。そこで当時、白光編集長であった私が、五井先生に「わかりやすい永遠の生命論」というより、どうしたら具体的に死の恐怖を超えられるか、というご法話を白光誌に書いていただいた。それが『神は沈黙していない』の中に収められている。

いつの時代においても、死ぬのがこわい、という大衆の不安・怖れというものがあるものだ。それを真正面にとりあげて、大衆を安心立命、救いの境地に持ってゆくのが宗教者の重大なる役目である。

現代の宗教の多くは、肉体人間の現実生活の幸せを問題にしていて「死」という問題を遠ざけているように見える。

いくら健康であり、金持ちになり、財産や名誉や地位を得たとしても、それはこの世だけのものである。ということは民衆は心の中で知っている。知っているけれど、やはり金持ちになることが幸福だと思っている。地位財産が出来ることが幸福だと思っている。しかしいざ病気になる。それも不治の病いになった場合、お金も地位も財産も友だちも、なんの役にも立たないとわかる。それで死から逃れることは出来ない。

いくら財宝を目の前に積み上げ、これで死から逃がしてくれ、と言ってもそれは叶えられることではない、ということは皆知っている。

いざ難に遭えば、この肉体のいのちなど吹けば飛ぶようなものだとわかる。頼むのは神仏だけ、ということを誰も経験する。

現在という世の中は、死と隣り合せの時代でもある。いつ噴火、大地震、大津波などという大災害や戦争、交通事故、病気にあうかわからない。平安時代、鎌倉時代も現代もあまり変らない。常に不安、怖れというものを人間は抱えている。

人間の不安、恐怖の一番の根本原因は、死の恐怖にある。死の恐怖を超えることが出来れば、神仏と倶なる永遠の生命観を得て、すべての不安恐怖はなくなる。迷いもなくなる。把われがなくなる。いつの時代においても「生死の一大事」というのは、人間にとって根本問題である。

死の恐怖はなかった

私の祖母はやはり死をこわがった。死んだら自分が無くなってしまう、と思っていたからだ。祖母は五井先生に直接お目にかかってはいない。孫の私や、実の息子や娘である私の父や叔母たちや私の母の言動を通して、五井先生を尊敬していた。

その祖母が亡くなって暫くたってのこと、聖ヶ丘道場で五井先生ご指導の錬成会が開かれ、母と叔母が参加した。母が先生の前に出てお浄めを受けた時、亡くなった祖母がニコニコ顔で現われ、おかげ様でいい世界にいかれた、みんなのお祈りのおかげ、五井先生のおかげ、と感謝の言葉を伝えて来た。

その祖母の話を、母の次にお浄めを受けた実の娘の叔母に、五井先生が伝えた。それを聞いて、父母と叔母も大安堵し、心からよろこび、五井先生に御礼を申上げたことであった。

祖母は死んでも自分は無くならず、自分があって生きていて、しかも明るいいい世界に住んでいる事実を味わったので、それが嬉しくて、母の体を縁として五井先生のところに報告に現われた、ということだった。

五井先生のおかげによって、迷える一人の老婆は救われ、永遠の生命の流れの中にいる自分を自覚出来たのである。

永遠の生命を二通りに説く

さて五井先生はどのように永遠の生命を説いているのか、ご著書に見てみよう。

「この肉体の死を超《こ》え得る宗教でないと、真実の宗教とは云えない。

この肉体の死を超えることが、なかなかの難事であって、そう容易に出来ることではないのです。この肉体の死を超える方法は、永遠の生命を体覚することより、他にないのでありますす」と説き「永遠の生命を説く場合にはどうしても二通りに説かねばなりません」と永遠の生命を二つに分けて説いている。

一つは、神そのものとして無始無終に生きつづけ輝きつづける永遠の生命。永遠の生命の働きとして個々の生命の光。

二つは、肉体は死んでも、個人は無くならず、個性をもって永遠に生きつづける個人の命。つまり因縁因果的に、肉体界、幽界、霊界と輪廻転生しながら、ついには輪廻転生の世界を突きぬけ、神のみ心と直結している自覚をもつに至った人間。

永遠の生命とは——

一、実在界に輝きわたっている生命と

二、現象界にあって、実在界につらなって働いている自己を認識することによって、永遠を自覚し得た霊魂魄人間の二通りである。
ということである。もう少しわかりやすく表現すると、
一、永遠の生命であるとともに
二、肉体、幽体、霊体、神体という個性的体をもったまま、永遠に生きつづける生命体。
たとえばこの世に、五井昌久という名前で生れて来て、昭和二十四年、想念停止という厳しい修行をへて、神界、実在界に存在している真実の自己と一体化した、神我一体となったことを自覚した神人と、実は今生において初めて悟ったというのではなく、宇宙誕生の初めから、宇宙神の一つの光の働きとして実在し、宇宙神と倶にあった、永遠の生命そのものの五井先生。と言えばわかりやすいでしょうか。

人は個性を持って生きつづける

永遠の生命を自覚出来るのはそんな簡単なものではない。その間、相当長い期間がかかる。一生や二生ではなく「ローマは一日にしてならず」というように、永遠の生命を自覚出来るまでには、長い長い過去世の経験が必要とされる。

「その長い期間には、肉体界を去って幽界で生活したり、幽界で浄化して霊界に昇ったり、種々な輪廻転生を経て……」と『神は沈黙していない』では簡単に書いておられるが『神と

人間』では、

「……幽界において或る程度浄化されると、また肉体界に誕生し、また異なる生活の経験を得て、再び、三度び両界における体験を繰りかえし、次第に高度の生活に導かれ、ついには天界にいたり、神格を得て神界に住し、或いは覚者（仏）となって、肉体界、幽界の指導者となるのである」と明かされている。

もう少しくわしく知りたい方には『神と人間』をお読みになることをおすすめする。

「高度な永遠の生命観のわからぬ人々には、もっと親切丁寧に、現れの世界（肉体界、幽界、霊界）の輪廻の状態も教え、その人自身のこの世の生き方次第で、その人自身の現在の肉身より上等な世界に誕生することを教えてやらねばならぬと思います」と言って、世界平和の祈りを根本にした個人的救済と人類平和達成のために、五井先生は自説を展開されている。

死の不安を超える一番の方法

そして神を信仰している人は、死ねば神と全く一つになってしまうとか、仏のいのちと一つになるとかいう説も、死ねば個性がなくなって無に帰してしまう、という説もともに間違っていると強調されている。死後の世界を全く知らないところからくる誤謬だからである。

そういう説を真に受けて、いざ肉体をぬけ出た時に、その人の霊魂の行き場所がなくなり、信者、親類縁者の肉身に倚《よ》って来て、親しい人々を病気にさせたり、苦しませてしまうので、そうした誤った思想は早くあらためることだ、と言うのである。

「人間は死んでも、個性的に永遠に生きつづけてゆくものであります。死んだら想念がなくなってしまう、などと決して思ってはなりません。

個性として永遠に生きつづけながら、その個性が神の光明にスッキリつながって生きつづけてゆくことを、悟りというのでありまして、そうした悟りに生きる人々は、神そのものの永遠の生命と、個性としての永遠の生命とか、全く一つに融け合って、肉体にあっても、霊界にあっても、どちらにあっても、業想念に把われない、仏教流にいう思慮分別に把われない、空即是空の生き方が出来るようになるのであります。

そうした人の最大の人を仏陀といい、キリストというのでありまして、宇宙人と私たちが呼んでいる人々も、そうした境界の人たちであるのです」

永遠の生命には、宇宙神そのものと、宇宙神の個別的分れである人間（個性）として永遠の生命とがある、ということを私たちは学んだ。

そして死んでも個性は生きつづけ、肉体界、幽界、霊界を輪廻転生して、種々経験を重ね、ついに自己の本性（神性）と合体してゆくのだ、という個人的因縁因果的展開をこそ、一般大衆に是非知らせる必要があり、それが死を超える一番よい方法であるということを学んだ。

第八章　消えてゆく姿で世界平和の祈り

光明思想に徹底するために

真実の光明思想に徹底するためには〝消えてゆく姿で世界平和の祈り〟という観の転換と想念の浄化がどうしても必要である。

観の転換を神のみ心そのものである世界平和の祈りをすることによって、否定的な習慣の想念、思想を浄化し尽さなければ、光明思想一本で生きぬくことは出来ない、と私は自分の経験から思っている。

真実の光明思想とは何かと言うと、

「あらゆるものをすべて〝よし〟とみる強い神愛肯定の思想」と五井先生は定義している。

つまり神への全託行為のあと、すべての現われを神のみ心の現われと見る生き方である。それは別の言葉で言うと、すべてを感謝で受け入れる、すべては神のみ心であって有難うございます、という生き方である。

「本当の信仰とは、鬼が出ようと蛇《じゃ》が出ようと、有難うございますと言える」そういう生き方である。（注「　」は五井先生の言葉）

自分の都合のいいことばかり有難い有難いといい、自分の都合が悪いことが出てくると、神も仏もあるものか、と天を恨み地に唾するような信仰では、ほんものではない。信仰といえるものではない。

「強い神愛肯定の思想」これこそが真実の信仰と言えるものである。

少しでも自他の神性・光明性を否定し、神の完全円満性、全知全能性を疑い、否定する想いがあっては、神愛肯定の思想の実践者とは言えない。

この人生の現われ万般を、すべて神の愛であると肯定する。つまり神は人間の親であり、人間は神の子である、親である神が子である人間を絶対に悪くしっこない、と神（守護霊守護神）の守りを信じ、これでいいのだ、これでよくなるのだ、と肯定して、自分の人生を全肯定して生きられるようになれば、その人は楽天家と言われ、神と倶にある善い人生を送れるようになる。

何故なら、出てくる言葉、想念、行為はすべて〝感謝〟〝有難うございます〟というものしかないからだ。

そこにはなんの迷いも、なんの惑いも、なんの憂いも苦しみも悲しみもない。すべてが悦びで、すべてが感謝という、明るい力強い生き方となっているからだ。

そういう信仰をみんなに持たせ、そういう人生をみんなに送ってもらいたい、というのが五井先生の望みであった。

そしてそれは私どもの希望する人生でもあり、私の理想とする信仰そのものでもあるのである。

理想と現実をむすぶ

いやそれは理想であって、そうなりたい、そうありたいと願っていても、現実にはなかなかそうならず、挫折感をしばしば味わい、信仰を捨ててしまうという人が多いだろう。信仰は捨てなくても、いつも悶々としたものを内にかかえて、求めつづけている人が多いことだろう。

信仰ってそんなにむずかしいものなのか、なら止めておこう、という人も出てくることだろう。

一般大衆はむずかしいことは嫌いだし、むずかしくて手間がかかることには、なかなか腰をあげない。

そこで五井先生は、実生活の面では個人的に相談にのり、解決の糸口を人々に教えながら「消えてゆく姿で世界平和の祈り」という、理想に届くと言うか、理想世界から現実世界に降ろされた梯子《はしご》、エレベーターを提唱されたのである。

問題の最後の結着をつけるのは、自分自身である。自分の生き方である。

その最後の結着のつけ方を「消えてゆく姿で世界平和の祈り」という方法で示されたのであった。

五井先生のご苦心

「消えてゆく姿で世界平和の祈り」という実践方法は、私たちにとって理想と現実との間にかけられた梯子になっている。

五井先生は、ここまで上ってこい、と只声をかけているだけでなく、自ずからの体と言うか命《いのち》をはって、自分自身を理想と現実をつなぐ、天と地をつなぐ梯子、階段として、一人づつ手間かけて理想界に昇らせながら、「消えてゆく姿で世界平和の祈り」を同時にあきもせず、あきらめもせず説きつづけたのである。

それによって、だんだん人々は理想世界に入ることが出来るようになった。その人々の心境を見て、人々は確信を持って「消えてゆく姿で世界平和の祈り」を実践してゆくようになった。

実生活に悩む人々の指導、救いの過程において五井先生は、現実世界を高い理想世界、苦悩の全くない世界そのものにするには、どうしても一旦、現実世界をなくしてしまわなければならない、そのためには仏教で言う「現象はすべて空《くう》なり」という境地にまで、人類を高め上げなければならない、と思われた。

しかしすべてを空とすることは、この現実の世界だけを唯一のものと思っている肉体人間にとっては至難なわざである。

唯一のものと思っているこの世界も、瞬々刻々うつり変ってゆく。肉体は新陳代謝をくりかえし、あらゆる存在は時とともに形を変え、やがて目の前から消えてしまう。肉体は百年と保てない。宇宙の星々も天文学的時間を経て、やはり姿を消し、そして新しい星が誕生している。

「空」とか「無」ではわからなくても、時間とともに「消えてゆく」という説明には皆うなずく。想念というものも、想いの法則として、想ったことは形に現われるけれど、現われればみな消えてゆくという性格がある。その性格を上手に使って、想いもふくめて「すべては現われては消えてゆくのである」と五井先生は断定されたのである。

そこで、業生という迷いと悩みの多い現実の世界の様相を、すべて消えてゆく姿として扱い、それを世界平和の祈りという神のみ心そのままのひびきにのせて、平和そのもの、光そのもの、愛そのものの神の世界、つまり高い理想世界の中に溶けこませてしまえばいい、と悟られた。

その理が信徒の人々の中にも徐々にしみこみ、自分の祈り、自分の観の転換で救われる人々が増えていったのである。

五井先生信奉者は、先生の提唱を信じ、受け入れて日々実践した。その実践の結果「消えてゆく姿で世界平和の祈り」は、現実を理想に無理なく、溶けこませる最も善い方法であると、強く肯定するにいたった。そして仲間にもすすめて来たのである。

真理の提唱というものは、世間には勿論、時として信奉者にもなかなか受け入れられないものだ。しかし誰かがその提唱を実践しつづけ、その成果をあげてゆけば、それに他の人々が影響されないはずがない。ましてや五井先生という提唱者が存在し、つねに説きつづけ、身をもって実証し、浄めの力を発揮していたのであるから、影響はどんどんひろがった。

肉体界に今は存在されていないけれど、祈りを通して私たちは五井先生を身近かに感じているし、私たちの内で霊的に活躍していらっしゃることを感じている。

神の全知全能を信じる

この人生を光明思想一本で貫き通し切るためには、まずあらゆるものを「よし」と見られない、思えない想い、神のみ心の現われとは見られない想い、つまり過去世からの習慣の想いである業想念を、すべて過去世から今日にいたるまでの誤まった想念、未完成未成熟な想いが現われて消えてゆく姿である、と思うことである。これは、自我を全否定することでもある。

私などの場合は、すべての想いも、ちょっとよさそうに見える想いも、すべて迷い、業想念として〝消えてゆく姿〟としてしまう。〝消えてゆく姿〟と認知したら、すぐ世界平和の祈りに転換している。〝世界人類が平和でありますように……〟という祈りに切りかえる。

今までも何回も申し上げ、そして書いていることであるが、この祈りは五井先生と神界との約束事で、この祈りを祈るところに必ず救世の大光明が輝き、自分が救われるとともに、世界人類の光明化、大調和に絶大なる働きをすることになっている。そういう約束事の上に成り立っている祈りである。言葉として「ありますように」というようになっているので、只単なる願望の言葉のように思うかもしれないけれど、そうではない。

只単なる願望の想いであるとすれば、成るか成らぬかわからない弱々しい想いであるからこの世をくつがえそうと吹き荒れる業想念の嵐に、忽ち吹き飛ばされてしまう。しかし神さまとの約束事である。神界の総力をあげての大光明力が、約束事として降りてくるのであるから、いかなる邪悪な想念も敵《かな》わないのである。

「ありますように」という地上の人間の信仰の叫びをあげることによって、今、苦しんでいる人、悩んでいる人、病んでいる人、落ちこんでいる人が救い上げられるばかりでなく、今、神への愛、人類愛、祖国愛におどっている人、ふわりと輝いている人、人々を救いたいと強く想い、神さまにすべてまかせようとしている人にとっても、更に更に神のみ心奥深く入り、神の大愛、神の全知全能性が信じられて、より完全に神の光明、自己の光明性を素直に発揮出来るようになるのである。

頭脳知識ではなく、魂全体、全心全霊で神さまにぶつかり、神さまの中に入ってゆけるようになるのである。

実践してわかったこと

「世界人類が平和でありますように」と祈って、想いを祈りに切りかえることは、人類を救おうとして働いている神々の大光明の中に、飛びこむことなのである。自分のさまざまな想いを大光明の中に投げ入れてしまうことなのである。

あゝしたい、こうしたいという想いも、不安な想いも、恨み憎しむ想いも、焦る想いも、波立つ想い、ザワザワする想いの一切合財を「あゝこれは消えてゆくんだ。今、自分が起こした想いではなく、過去世に発した想いが今こういう想いの形になって、現われては消えてゆくのだ」と強く思って、祈りの大光明の中に投げ入れるのである。

そうすることによって、しつっこい否定的な想いも、大光明に浄められてゆく。すると「おのずと内なる自己の神性・光明性が現われ発揮されて、神仏のみ心そのものの行いが出てくる」と五井先生は説かれた。その通りであると、私は実感している。

実践してゆく段階において、知らず知らず私が気づいたことは――

消えてゆく姿で世界平和の祈りを実践していること自体が、とりも直さず神の完全円満性、全知全能性そして神の大愛を強く信じている結果である、ということだった。

汝の信ずる汝になれ

迷い悩み苦しみが連続して、それから逃れようと必死になって、消えてゆく姿で世界平和の祈りをやっているような長い低迷期間から、そんな段階から救世の大光明の中に投げ入れる、という具体的な実践に移り、神のみ心の中に飛びこむような確信的期間になって、気づいたことであるが、低迷期間であろうと、確信的期間であろうと、やりつづけて来られたということは、五井先生を信じていたからである。五井先生に働く救世の大光明霊団を信じていたからである。神の光明力絶対力を信じていたからこそである。

救世の大光明の前には、いかなる業想念も消滅してゆく、という神の全能性を心の底から信じていたからこそ、つづいたのである。

神さま神さまと言ったって、世界平和の祈りと言ったって、なんにもならないじゃないか、と自分の信仰を疑っていたら、それで終りである。疑ってもいい！　けれどその疑いの想いを「あゝこれは消えてゆく姿だ、疑う想いが疑いとなって今、現われて、消えてゆくのだ」と世界平和の祈りに切りかえれば、疑いは煙のように消えるのである。

汝の信ずる如く汝になれ！　の言葉通り、汝に成就するのである。現われるのである。信ずるものは幸いである。信じられなかったら、信じられない想いが今、現われて消えてゆくところなのだから、消えてゆくのだなァ、と思って、世界平和の祈りの大光明に渡してしまうことだ。

神の大光明以外、この世界に実在しないのだから、神以外、大光明以外のものは皆現われては消えてゆくのである。或る時間は存在するけれど、実体のないものだから消えるのである。苦悩も消えるのである。消えたあと現われるのは、自己の本心、自己の光明、神性のみである。

救うための言葉

五井先生の使命は人を救うことである。人々の迷いを祓い浄め、真理に目覚めさせることである。小さくは個人、大きくは国、人類の救いと、人類の目覚めを促すことが先生の仕事である。

その目的を達成するため、どんな小さなことも救いのために使い、どんなつまらなそうな、一見あたり前で特別な言葉でない言葉が、先生にかかるとみな救いの言葉、神の愛と赦しの言葉に変わっていた。

〝消えてゆく姿〟の「姿」は様子、ありさまということであるが、その意味は「この世は想念の世界、波動の世界である」と五井先生は説く。波動が想念という姿・形になって、消えてゆくのだ、ということである。

この一見、変哲もない言葉を五井先生が使うと、すごい救いの言葉、赦しの言葉、絶対ともいえる真理の言葉になる。

運命という或いは人生という表面の意識層に現われると、いかなる想念もその想念となった原因は、想念という結果の形に現われたので消えたのである。

ここに恨みという想いがあるとする。潜在意識の中にひそんでいる間は、表面からは何がなんだか全くわからない。只想念エネルギーとして潜在意識層をぐるぐると廻っているだけで、それが何かの縁にふれて、パッと表面に出てくると「恨み」という想念の姿形になる。そして姿形と現われたことによって、恨みの原因は消えたのだ、ということである。

消えてゆく想念の性格

「想念は必ず現われる。これは法則である」

この言葉は皆さんもよく聞く言葉であると思う。しかしこの法則性をふりまわしただけでは人間の救いは全くといってない。

五井先生は想念の法則の他に、想念の性格という言葉を創り出して下さった。つまり想念というものが元から持っている性格というものを、ハッキリと浮き出さしたのである。

「現われるのは法則であるけれど、現われたら消えるのが想念の性格である」と五井先生は『神と人間』の中で説き明かして下さった。法則性ばかりに囚《とら》われていた私には、この想念の性格である〝現われたら消える〟という言葉は、まさに目からウロコが落ちた想いであった。

想念の性格なんて思ってもみなかった。想念というものが元来持っている性格は、現われれば、形の世界、現象の世界に一度現われれば、みな消え去ってゆくものだったのだ。

昔風に言えば如露亦如電応作如是観《にょろにゃくにょでんおうさにょぜかん》（露のごとく電光のごとくみなパッと現われては消えてゆくものだ、と観ること）だったのである。

これが消えてゆく姿ということだ。

人間の神性を断々固と認めきった

『神は沈黙していない』の中で五井先生は次のように説いている。

――消えてゆく姿という言葉の中には、この世のあらゆる業想念行為、つまり不幸・悲しみ・恐怖・恨み・妬み・憎悪・不平不満等々の想いや行為を、人間の真性（神性）から出るものではなく、この世の中を神の子人間が営みつづけてゆく時に、削《けず》りとられてゆく闇の面の消えてゆく姿である、と全否定してゆく、断固たる人間神の子、仏子観が確立されているのです。

人間の神性を、断々固として認めきらないと、いつまでたっても善悪混淆の人類世界の姿は消えません。――

消えてゆく姿と想う時、私たちは人間の神性、光明性、完全円満性を断々固として認めているのである。断々固として、強くきっぱりと認めた神性・光明性・完全円満性はやがて自分の人生に運命にハッキリと現われてくるのは当然である。

「消えてゆく姿」の原理は、想念の性格の他に「神以外のものは実在しない。その他はすべて空《くう》である」というところにある。

神以外のものは存在するけれど、或る時間がたてばみな消えるのである。時間がたてばということは、現象の世界（この世だけでなく、幽界・霊界の下層部も含まれる。いわゆる三界《さんがい》である）に現われてある時間が経過するということである。

現象の世界に現われなければ、時間は計測出来ないし、時間がわからない。形になって、現象として現われたから時間があるのであって、現われなければ時間はない。

潜在意識の世界にある間は、姿・形は全く混とんとしてわからない。水面下のことは水面の上にあるものにとってはわからない。水面の上に現われて来て、はじめて姿、形を水面上にある私たちは確認する。

想いも形に表現されて、はじめてなんの想いかがわかる。口惜しい、情けないとかいう想いは、潜在している時にはわからない。形になっていない。表面に浮び上って来てはじめて、口惜しい、情けないという想いだとわかる。嬉しい、楽しいも同じことだ。

現われれば消えるという法則

五井先生は表面に浮き上って、形になった時、想念の性格として、それらはみな消えてゆくのだ、と唱えた。

現われたら消えるのである、と説いた。

結果として現われた時すでにその原因は消えているのだ、と教えて下さった。

因縁因果や想いの法則を説く宗教家にとっては、ここは盲点だった。

現われた想い、現象を摑まえて「あなたの因縁は……」とか「あなたの心は……」と言って指導している人々には、現われれば消えるのだ、という真理は皆目わからなかった。だから現象を摑まえて、人を裁《さば》き、自分を裁くことしか出来なかった。

五井先生はそうした因縁因果説、原因結果説で苦しめれ、いじめられ責められて、心も体も縮こまってしまって、がんじがらめになっている人々を、なんとか解放して、自由なのびのびとしたいのち、明るい暖かい光明の世界に解き放ってあげたい、みんなの眉間のしわを伸ばして、心からニコニコと笑顔が出てくる人々にしてあげたい、と願った。

愛の心の発露である。純粋な愛は想念を停止させ、空《くう》にさせる。神我一体感と同時に、自他一体感を自ずと成就させる。

五井先生の愛の心によって、想いによって自縄自縛されてどうにもならない人にも光が見えた。それが想念の性格ということだ。現われれば消えてゆく、という真理であった。

この真理を、五井先生は直霊と一体になる前に発見していた。そして「消えてゆく姿である」という赦しの言葉を〝生長の家〟の法友に葉書で説いていた（葉書の文面は『五井せんせい』で紹介した）。

直霊と一体となって地に降りてから、菩薩業に挺進される段になって「愛とゆるしの言葉」「因縁因果を超える法」となり、すべての囚れから人々を解放させ、自由自在になる世界に連れ出す空《くう》の光、愛とゆるしの光となったのである。

肉体の想いを消えてゆく姿にすること

「神性の人間を肯定するのに、肉体の想いで肯定しようとするから」なかなか肯定出来ないのである。

「肉体の人間の想いには、やはり業生の世界の様相しか映りません。そこで私は、消えてゆく姿という言葉を使って、一度、肉体人間そのものさえ全否定し切っているのです」「消えてゆく姿という想いにのせて、神の世界、神のみ心の中、大光明の中に融合させてしまう方法をとったのです。

そして、この消えてゆく姿の想いを、更に世界平和の祈りという、全人類等しく念願する祈り言に托して、神の大光明の中に、すべての業想念を消し去るという方法をとっているわけです。

こうしてゆきますと、観念的に肉体無しとか、空《くう》だとかいわないで、自然に業生の世界、業想念の世界の波動を光明波動に切りかえてゆくことが出来て、いつの間にか光明一元の世界に住みついてゆくことになるのです」（『神は沈黙していない』より）

守護の神霊が想念を押し出している

「守護霊は霊界、幽界、肉体界と三界を通して働ける者なので、幽界において出来つつある運命、あるいは出来上がって時間の経過につれて、自然に肉体界の運命として現われようとする悪想念の結果（因果）を、あらゆる手段をもって、その人間の運命として現われぬように修正してゆく」と『神と人間』で説かれている。

その修正の一つの働きが夢であった。

「業想念の感情を肉体脳髄の念の休止している間に、巧みに夢として肉体世界と離して画き出してしまうのが、守護霊の偉大なる働きの一つの仕事なのである。

…………

現われれば消えるのが想念の性格であるので、夢として描き出してしまえば、その想念は消えてしまう。

…………

覚めたあとに、いくら肉体頭脳で思っても、その夢に現われた想念は、再び幽体に記録されることはない」

『神と人間』で五井先生はこう説いている。

「想念を表面の意識に現わすのは、自分ではなくて守護霊であることがわかる。夢の中ばかりでなく、覚めている間の想念も、守護霊が愛とその光明で形に現わして、消していてくれるのである。それが真相である。

自分が迷ったと思っている。迷いの想いをつくって出した、と思っている。それは錯覚なのである。自分が今、迷いの想い、争いの想い、疑いの想い、否定的な想念を守護霊さんが、もう必要なし、と認めて表面の意識層に押し出して、消しているのである。

この地上にて過去世という数々の人生において、この地上というか肉体になじむため、肉体界においてさんざん闇を削る仕事をして来た、その削りくずがいわゆる煩悩という業想念となって、潜在意識に残ってしまった。しかし地球と人類の完成の時である今はもう、平和と調和の創造にその削りくずは全く不必要なので、守護の神霊が意識層の奥からどんどん表面に押し出して、消し去ろうとしているのである。それだけ神さまの光が強く働きかけているのだと云えよう」

業想念自体では存続できない

五井先生は「迷っている想いが迷っているのであって、その人が迷っているのではない」とおっしゃっている。迷っている想い、あるいは迷っていた想い、争っている想い、あるいは争っていた想いが今押し出されて、現われて、雲が太陽の前を通りすぎてゆくように、本心の前を通りすぎてゆくところなのだ、消えてゆくところなのだ。だからそのまま本心を見つめつづけ、神の光明だけを見つづけていればいい。そうすれば再びカルマは自分のもとに戻ってくることはない、と教えて下さっている。

再び幽体に記録されることがないから、再び現われてくることはないわけである。守護霊守護神の光明、救世の大光明によって業想念はハッキリ分離されてしまうので、そのまま消滅してしまうのである。

業想念は業想念自体で存続出来るものではない。神（守護の神霊、本心）が不要と認めれば、忽ち消滅してしまうのが業の性質である。

業は光に対立出来ない。光があってこそ陰が存在する。その光から離れれば陰も闇も、自然と消滅する。

守護霊守護神の光の手によって、すでにその根を断たれた葉だけが、光の流れに押し出されて、目の前を通りすぎてゆくところなのである。再び芽生えることはないのだ。

だから「消えてゆくのである、消えてゆくのだと思いなさい」と五井先生はおっしゃるわけである。

目の前を通りすぎてゆく雲のように、業が今消えてゆくのである、と、自分から切りはなして観られるようになるために、あらためて、把われやすい想いの自分を、世界平和の祈りを祈って、その大光明の中に流し入れる、投げ入れる。そうすることによって、過去世からついている習慣の想いの流れを「世界人類が平和でありますように」という人類愛のことばの流れ、神のみ心に転換する。そうすると想いの流れの方向が、世界平和の祈りの流れ、神のみ心の流れに変わる。

幽体に把われの想念を再び記録せず、かつその上に神のみ心そのものの人類愛という大愛の光明を、幽体は記録するわけである。

これをうまずたゆまずやってゆけば、幽体は光明化されることは間違いない。幽体が光明化されれば、肉体に現われる運命は、すべて神のみ心そのものとなるしかない。

想いの残像

「消えてゆく姿で世界平和の祈り」というのは、業生の人類世界をそのまま、神のみ心の世界、完全平和に切りかえるスイッチのようなものである。

この祈りをした瞬間、もうその人の世界には神の大光明が降りそそがれている。ということは大光明世界に変換している、ということである。

しかし「その大光明によって開かれるその人の世界は、大光明がその人の業生と入れ代りきるまで、この世的時間がかかるのです」と五井先生は親切におっしゃっている。

想いの残像というものが残っているだけであって、真実は業生と大光明が入れ代っているのである。想いの残像は時間とともに消滅してゆくもの。それをハッキリ知るために、いわゆる修練というものがいる。コツコツとやりつづける修行が必要になってくる。

誰にでもこの世的時間というものがかかるのだから、うまず、たゆまず、焦ったら焦ったその想いも、消えてゆく姿だと思い、世界平和の祈りに切りかえてゆく。そして神の大光明の中に飛びこんでゆく。

これをつづけてゆくことだ。

「自然に開く花のごと
時来て目覚む神心《かみごころ》
いのりの道は深けれど
やがていのちの泉得む」

と五井先生が「永遠《とわ》の光」という詩でうたっているように、コツコツと繰り返し繰り返し一心に、熱心に行っていれば、やがて時が来て、神の心が目覚め、生命エネルギーが無限に湧き出づるいのちの泉が、自分の中に開くのである。

チャクラもすでに神々によって開かれている。うまずたゆまずやりつづける、ということにも張りが出て来るというものだ。

第九章　悟りということ

真我からくる明るさ

五井先生のことを知るにつれて、五井先生は悟った人という認識が濃くなり、尊敬の念が深まっていった。

先生の明るさ、さわやかさ、温かさ、柔らかさ、気さくさ、あけっぴろげさ……そうしたものがどこから来るのか、と思うようになった。

先生本来の性質もあるだろうが、やはり悟った心境から来ているものだ、と思い、私も先生のような心境になりたい、と思った。

その当時、本としては『神と人間』しかなかった。その本の終りの方に「私の祈念法」という章があり、そこにこう書いてあった。

「私の肉体の頭脳は常に空《くう》なのである。私は肉体の頭脳でものを考え出すことはない。必要に応じて必要を充たす智慧が、私の本体から自然と肉体に伝わってくるのである。

私は霊媒ではないから、霊動したり、霊言したりはしない。普通の肉体人間となんら変らぬ平々凡々たる人間に見えるし、常識を一歩も越えぬ生活をし、行動をしている。しかし根本的にはまるで違っている。

それは私の本体が光であることを体験として知っていることであり、私の言動がすべて神

（本体）から直接に支配されていることをはっきり認識しているからである。

普通、人間は常に、なんらかの想念が頭脳を駆け巡っているのだが、私の肉体頭脳を駆け巡る想念は何もない。

私はかつて、一切の想念を断絶する練習を私の守護神から強制的にやらされたのである。それは、普通の座禅や、精神統一の類《たぐい》ではなく、二十四時間ぶっつづけの練習なのである。（このことについては、別冊自叙伝で詳しく書くつもりでいる）苦しいといえば、これほど苦しいことはない。ものを想わぬこと、念を停止すること、即ち、空《くう》になる練習なのである。寝ても起きても、歩行していても、全時間、すべてこの練習なのである。この期間約三ヶ月、自我を全部滅却して、神我に変えたのである」

天と地遂に合体す

これを読んで「空《くう》」というのはすごいもんだな、と思い、その修行をくわしく自叙伝で書くとおっしゃっているから、早く読みたいものだと思った。

私が白光誌の創刊、編集にかかわるようになって、先生に一番先に望んだのは自叙伝の執筆であった。昭和三十年一月号より「天と地をつなぐ者」という題名のもと、六回にわたって、白光誌に連載された。

「苦難の霊的修業」「自由身への前進」そして「天と地遂に合体す」でクライマックスを迎え、自叙伝は完結した。

寝ても起きても、歩いていても、二十四時間という一日全時間、守護神側からの想念停止の練習。その様子にハラハラドキドキし、その想念停止の修業が成功して、ついにご自分の直霊、神なる本体と合体され、そこにいわゆる「五井先生」が顕現したわけであるが、本体と合体する写実的描写に、目を見張ったものである。

あゝこのようにして、七つ色彩の雲の層をぬけ出て、直霊、真我と一体となるのか、と私はまるで映画を観るように感動した。

先生の心境の素晴しさの源泉も、素晴しい神秘力の源泉も、小我の想念がみな本体、神と一体となったところにあるのだ、とわかった。

ただもう全感謝

しかし五井先生はみずから「私は悟った」とはおっしゃっていない。この「天と地がついに合体した」時より、十年以上もたってからのある朝、編集室で先生は、私にこうおっしゃった。

「人間ばかりでなく、あらゆる物事はそうだけれど、徐々に徐々によくなって、そしてふりかえってみて、あ、私はよくなったなァ、と思うんじゃないのかね。悟った！　といって有頂天《うちょうてん》になっているのは一番危ないね」

いつもの何気ないお話ぶりだった。

「禅では、悟ったあとの修行こそが一番大切なんだ、と言っていますね」と私が知ったかぶりをして言うと、先生が

「私はね、自分が悟った、なんて思った時はなかった」とおっしゃった。つづけて、

「ただもう全感謝、ありがとうございます、という想いでいっぱいだった。どんな悪い環境が出てこようと、なぐられようと、けとばされようと〝ありがとうございます〟それだけで今日になったね」

あゝここに五井先生の真骨頂があるな、と今、しみじみと思っている。

それは「全託」という心境でもある。

「全託」とは、すべてを神さまにおまかせすることである。おまかせするということは、いのちを投げ出すことである。そうするとどうなるか、と言うと、先生の説明によると、

「どんなことが現われても、蹴っとばされても、ののしられても〝神さま有難うございます〟といえる心境、たとえ、お前のくびを斬っちゃうぞ、と殺されようとしても〝ハイそうですか、有難うございます〟といえる状態、それが全託した状態ですよ」

先生は「神さま有難うございます」「神さま有難うございます」の想いだけになり、神さ

まだけになった。自分の目の前に現われることは、すべて神のみ心、神のみ心以外にない。だから出てくるのは「神さま有難うございます」のみになる、というわけである。

すべては神さまがなさる

「ほんとうの信仰というのは、鬼《おに》が出ようが蛇《じゃ》が出ようが、神さま有難うございます、という想いしか出て来ないものだ」

とおっしゃったのは、自分のお心そのものを言ったのだった。

肉体の人間は誰もみな凡夫であって、何事もなし得ない、とその肉体の無力さをトコトンまでわかったのが五井先生であった。だからすべてを神さまにふりむけられた。そして「神さまよろしくお願いします」と神さまの中に飛びこんでいった。つまり神さまにすべてを捧げてしまったわけである。

肉体人間は無力なり、と完全にわかったから、神のみ心にすべてをまかせるのも、徹底し、生き死にばかりでなく、食べることさえもおまかせしきってしまったのである。「食べることさえもおまかせした」という言葉を、読者はスーッと読んでしまうと思うが、これはすごいことなのである。「食べなくてもいい」と神さまに投げ出されたのは独身の頃であるが、結婚されてからも、身の廻りに人が多くなり、組織が自然と出来て、団体が大きくふくらんで来てからも、つまり先生にかかってくる責任が自然に大きく、重くなってからも、全く変らずおまかせしたままなのである。

すべては神さまがなさっているのだ、と肉体的想いが一つもないということ、出てくるのは「神さま有難うございます」というコトバ、心しかないというのが、五井先生だったのである。

本心そのままに生きぬく人

ある時、先生に言われたことがある。

「高橋くん、どんなに疲れていても、不機嫌になる、ということは私には先ずないね。自分が疲れていることと、相手とはなんの関係もないことだからね。君はどうかね？」

仏頂面をしている私に、なんとなく意見をされたのだ。

「自分が疲れていようが、具合が悪かろうが、不機嫌で相手の心を痛めるようなことをしては、およそ神さまの愛にもとるね。愛というのは、自分がどうであろうと、人のことばかり思ってしまうことなのですよ。

機嫌がいい時とか、自分の好きな人を愛するということは、これは当然のことです。自分のご都合で優しかったり、不機嫌であったりするのは、それはごく薄っぺらな感情、愛じゃない」

ハイスピリット、高級神霊はいつも上機嫌なんだ、と先生はおっしゃっていた。自分が疲れているからと言って、その疲れを不機嫌さで相手にぶつける、などという想念はごくごく薄っぺらな感情、わがままというものである。自分の感情想念に把われてしまっている状態である。

悟るということは、想いが真実の自分、本心と一つになっていることだから、不平不満などの感情に左右されていることは、悟りから程遠い状態であるわけだ。

あの人は立派なんだけれど、短気で、という人があったら、その人は真実悟っているわけではない。あの人は悟っている、と言うけれど威張りやさんだ、という人がいたら、その悟りは生悟りである、と見ていい。

悟るということは、結局、感情想念、いかり、妬み、恐れ、不安、恐怖等々を超えていることである。

悟りというのにも、いろいろと段階があるようだ。小悟、大悟と、その段階は無数といってもいいくらいあるらしい。一分間悟りとか、一時間覚者とか、あるいは一日菩薩というように、ある時間だけ、自己の本心、神性を現わしたりする悟りもある。

しかし、正覚を得た人、本当の覚者というものは、常に変りなく、本心そのままで神性そのままで生きぬいている人である、と五井先生はおっしゃっている。

神性そのまま、本心そのままに生きている人は、光り輝いている人である。そういう人は具体的に言うと、どういう状態であるかと言うと、慈悲心、慈愛の心深く、本心と想念感情をはっきり区別してわかるから、喜怒哀楽という感情に迷わされず、すべての恐怖なく、その上、他人の本心と想念もはっきり区別してわかり、想念はすべて消えてゆく姿と見ているから、おのずと人々の想念を浄めている、と言ったような人になるわけである。

結局、自分の感情想念つまり喜怒哀楽に迷わされず、惑わされず、他人の感情想念にも迷わされず、引っぱりまわされず、そうした想念をすべて消えてゆく姿である。と自他の本心をハッキリ見られるようになれば、五井先生から合格点が出ることだろう。

神への全託の一事

「悟るッていうことは、一体どういう状態を言うのでしょうか」とお尋ねしたら、「悟った状態というのは、すべてのことに感謝出来る、ということですよ」

というお答えがかえって来た。

自分にとって都合のいいことが出ようと、不都合なことが出ようと、変らず「神さま有難うございます」と心から出来る時、たしかにその人は迷いの三界を超えている。

三界の一番天辺である有頂天《うちょうてん》という世界、心の状態も空《くう》に近い相当に高い世界だが、まだまだ想いが残っている迷いの世界のため、有頂天に登りつめても、何かのきっかけでもって、わずかな業想念によって足《あし》をすくわれ転落することがある。

しかし、すべてのことに本当に素直に感謝できる人は、悟ったとか悟らないとか言わないで、いつの間にか感情想念に把われなくなり、そこを超え惑わされなくなっている境地を会得している、と言えるであろう。

人間にとって一番大切なことは、感情想念に把われない、ということである。現実の人間にとっては、この感情想念に把われなくなる、ということがなかなか難しい。しかし、一つのことを会得してしまうと、そんなに難しいことではなくなる。

「先生、人間、想いを消すということは大変なことですねェ」とある人が問うたら、

「いや想いを消すことは簡単なことなのだよ。どうすればいいかと言うと、神さまだけをひたすら想うことだよ。そのこと一つだけを想いつづけることだ」

と即座にお答えになった。これはご自分がやってこられた道だからだ。

「想いを消すということと『我《が》』をなくす、ということは同じことであるが、『我』をなくすには、お祈りにすべてを投げこんでしまうようにすることだ」とおっしゃった。自己保存の本能というものをも、お祈りに投げ入れることによって超えられる。

「神さまがすべてやって下さるから」とおっしゃった。

短かい問答は、長い法話、論文を読むよりも、真理をスッとわからせて下さる。短かいけれど、先生のお答えの中には、五井先生のすべてが入っている。すべてがある。そのすべてが私たちの中に、素直に入ってくる。ある時は言葉以上の迫力をもって、私たちにせまってくる。

「神さまがすべてやって下さる」という言葉の中に、五井先生の全生涯がギュッとつまっている。神への全託に始まり、神への全託のままにこの世を終られた五井先生のすさまじい生涯、慈愛一念、神一元のこころがあふれている。

自我をなくすのも、神のみ心を現わすのも、世界平和を現わすのも、究極は神への全託になってくる。この一事になってくる。

「神さまだけをひたすら想うこと、そのこと一つだけを想いつづけることだ」

という五井先生の言葉に、私たちの行くべき道、行ずべき方法が示されている。

「天がすべてやって下さっている。だから肉体人間としては、余計なことをしなければいいんだ」

私も直接、先生にそう教えられたことがある。そこに五井先生の極意があるようだ。先生は私たちに是非伝えたい、是非行じてもらいたい、ということは繰り返し、繰り返しおっしゃったし、お書きになった。繰り返しおっしゃるということは、それくらい重要なことで、肝に銘じなければならないことなのである。

あとは私たちがそれを実行するかどうか、である。

常にここは霊界であり神界である

繰り返しおっしゃったことで、私が肝に銘じていることがある。私は五井先生の何気なくおっしゃった言葉として『如是我聞』という本にまとめて発表した。如是我聞は三冊ある。

この三冊ある『如是我聞』の中で、今回の主題に関連したことで、つねに肝に銘じていることをあげると、次のようになる。

「私がいつも思っていることは、神様事をぬきにして、この肉の身このままで立派な人間であること。人格が立派でなければ何もならないということだ。神秘的な力も知恵も、これは天が与えて下さることで、肉体人間側の方ではあずかり知らぬことだ。肉体人間側としては、あくまで人格を立派にすることに心がけることだ。人格も立派。その上に神さまからの智恵も力も流れてくる、という人にならなければいけない」

（『如是我聞』より）

「この体がすっかり神さまになりきらなければいけない。しかもはたから見て、平々凡々に見えなければいけない。神がかり的なものが少しでもあってはいけないんだ」

（『続々如是我聞』より）

「たとえしゃべったこと、書いたことで人が悟り、人が救われたとしても、それはその人自身の悟りとは関係ない。

神さまが人を救い、神さまが人を悟らせたのであって、その人がしたことではないのだ。

自分の悟り、自分のすべては裸の自分の想念行為が決めるのである」

（『続如是我聞』より）

「たとえ立派な真理を説き、それによってたくさんの人が救われてたって、それがその人の悟りの程度を示すものではない。

悟りとはあくまで、自己自身の想念行為にある。言葉と行為とが一致せぬ生活では、悟った者の生活とはいえぬ。まず感情を超えることが、悟りへの第一歩である」

（『如是我聞』より）

「人間がうまく説いたとしても、それは神さまが説いたのであり、その人自身とは違う。その人自身はその人自身の常日頃の想念行為が決定づける。私はいつもそう思っている。

あちらの世界（霊界）はその想念行為がそのまま現われる世界なのである。私はいつも開けっぴろげで、心になんのわだかまるところもない。かくしたり、てらったりするところがない。そのままをいつも出している。だからあちらの世界へ行くも行かないもない。常にここは霊界であり、神界であるわけだ」

（『続如是我聞』より）

自分自身の悟りというのは、あくまで自分の想念が自分の本心と一つになることであって、常日頃の想念行為、裸の自分の想念行為が自分自身を決める、ということである。だから、この肉の身このままで立派な人間であれ、ということだ。この体がすっかり神さまになりきって、しかもはたからみて、少しでも神がかり的なところのない、平々凡々たる普通の人であるべし、というメッセージと私は解している。

私にはなんにもない

五井先生は内省を常に厳しくされていた。それは如是我聞に収められている言葉のはしばしにうかがえる。

「咄嗟の場合に出る想い、それが大切だと思う。咄嗟に出る妬み、憎しみ、不平不満の想いがすぐ消せるよう訓練するよう心がけることだ。

私自身、咄嗟の想いがどうなるか、じっと観察しつづけて来たけれど、憎しみや妬みや不平不満の想いなどなかった。実に素直だった。咄嗟の想いに本心が現わせるようになるといいんだ……」

（『如是我聞』より）

「自分自身を客観的にみて、私は何もない。私には念力は皆無だよ、空《から》っぽだ。自分をかばうものもない。ごまかそうなんてものは微塵もない」

（『続々如是我聞』より）

「肉体の自分でやろうと思ったことが一つもない私にとって、やらなきゃやらなきゃという想いも、焦りも全くない。すべて神のみ心のまま、とやっているからのん気だよ」

（『続々如是我聞』より）

「私にはなんにもない。只あるのは真実のみ。愛のみ。しかしそれさえもない。なんにもない」

（『続々如是我聞』より）

「私の心の中をいくら公正厳密に点検しても、全く恐怖の想い、焦りの想いというものはない」

（『続々如是我聞』より）

「私には焦り心もいけない。恐れもいけない。疑う心もいけない。しかし私の中には何んの想いも出て来ない。だから大馬鹿になったんじゃないかと思うよ」（『続々如是我聞』より）

業想念がなんにもない肉体ほど、強いものはない。私は五井先生を見ていてそう実感した。特に晩年の五年間、寝床から一歩も出られなくなったお姿を見て、私は五井先生は超人であると実感したのである。

自分だ自分だと思っている自分は、すべて想いである。それも過去世からの習慣の想いにすぎない。自分だと思っている想いを、すべて神さまに返還することが、消えてゆく姿で世界平和の祈りという行である。すべての想いを神に返還したのが五井先生である。

私たちは善きモデル、最高の目標をごく身近に持っているわけである。

第十章　霊覚と霊能と祈り

霊覚者について

五井先生は徹底した光明思想家であり、光明思想を体現された方である。

五井先生の説く光明思想とは端的に言うと「人間は光明身（心）そのものであって、業想念の産物ではない」ということである。

それは「人間と真実の生き方」の冒頭にはっきりと「人間は本来神の分霊《わけみたま》であって、業生《ごうしょう》ではなく……」で示されている通りである。

その光明思想を更にひもといてゆくと、こうである。

「すべては神のみ心、み光の現われのみであって、病《やまい》になり、迷ったり争ったりしている姿は、いまだ神の光がその人の世界に完全な姿を現わし切れていないからであって、神の光が現われるに従って、その人のすべての苦悩は消え去ってゆくのである。

この地球界の国々の争いや、人類の不幸災難は、やはり神のみ光がまだ地球界に完全なる姿を現わしきっていないからである。

従って、地球人類が想いを一つにして、神のみ光を一日も早く完全に現われるように、世界人類が平和でありますように、という祈りを祈りつづけていれば、地球が平和な幸せな姿を現わすことは間違いないことである」（『神は沈黙していない』より）

この光明思想、つまり悟りは五井先生自身が光明身そのものであり、神そのものであることを体験して、ハッキリ覚知したものである。

五井先生はこの体験から、人間は肉体界の他に、幽界、霊界、神界に想いとして住むものであり、肉体界幽界において、迷ったような姿を見せていても、その本体は神界において、常に光り輝いているものである、と人間の本体をしかとごらんになった。

人はとかくこの肉体界にいる自分が、迷いの雲に包まれていると、自分自身が迷っていると思って、本体の輝きを忘れ、右往左往するものである。右往左往する姿は、本体の神の光明がこの肉体界に完全に現われ切るまでの、過去世の業想念の消えてゆく姿であって、どんな人の本体も、天（自己の内奥）において太陽の如く光り輝いているものなのである。その輝きが肉体界に完全に現われるにつれて、迷いというものは、消えてゆくものである——という真実を私たちに、五井先生は知らせようとされた。

その真実を知らせる方法として、まず本心（光明身）と業想念（迷い）とを区別することを教えて下さった。

業想念というものは、いかなるものと言えども、現われれば消え去るもの。現象の世界に迷い争い、苦悩として現われた時は、それは過去世から今日にいたるまでの、間違った想い、業因縁というものが、神のみ光、救いの光を投げかける守護霊守護神の働きかけによって、潜在意識の奥底から表層意識に押し出されて、消されてゆく姿である、と言うのである。

だから現われた現象をつかまえて、いいとか悪いとか詮議《せんぎ》せず、すべて消えてゆく姿なのだと思って、守護霊守護神さん有難うございますと、神さまの光の中に入れてしまいなさい、入れてしまえば自分が傷つくことなく、いかなる業想念も消えてしまうのである、と説いたのである。

これは凡夫が覚者になる方法である。

ひたすら念仏を唱え、阿弥陀さまの中に想いも自分自身も投げ入れることによって、知らぬ間に凡夫《ぼんぷ》性が弥陀《みだ》の光明に溶けてしまうように、凡夫《ぼんぷ》性といわれる業想念、迷いやすい、把われやすい想いを、世界平和の祈りの大光明に投げ入れつづけてゆくことによって、大光明が自分の中に満ち満ちて、自己の本来身である光明身と一体になってゆく。一体化が進むにつれて、その人のすべての苦悩は消え去り、光明身そのものが完全に現われるのである。

そう簡単に出来上がるわけではないけれど、寝ても覚めても称名念仏すべきものなり、と言うように、世界平和の祈りを祈りつづけてゆけば、昨日の凡夫が全く消え失せ、明日は霊覚者になっているのである。

そこで五井先生の定義では、霊覚者というのは「現界※での想念を、何重もの現界及び幽界霊界（過去世）の潜在意識層を超えて、真っすぐ宇宙神のみ心の中に融けこませてしまった人を言うのであって、このような人は、いかなる過去世からの想念波動（因縁因果）にも、幽界霊界からの想念波動にも把われることなく、自由自在に宇宙神のみ心、み光を宇宙一杯に働かすことが出来るのであります。

霊覚者は、神のみ心のままに自由自在に自己の本心を働かすことが出来るのですから、神のみ心である愛と調和の行為に欠けることがなく、愛そのものであり、調和そのものであって、愛の行為にもとったり、調和のひびきを破ったりすることは、絶対にないのであります。宇宙神の完全なるみ心を、そのままその肉身に行為として現わしている人こそ、佛《ほとけ》といわれ、如来といわれ、霊覚者といわれる人であって、自我や欲望のかけらも無いのであります」ということである。

その使命、天命というものは――

「霊覚者の心は鏡のようなもので、相手の魂の状態や想念の波が、はっきり写ってくるのであります。ですから人の想いが判り、その人その人の因縁因果の波も判るのです。しかしながら、あくまでも、各人の本心開発の道を教え示すのが霊覚者の天命でありますので、各人の迷いに光をあてながら、その迷いを消し去りつつ、或る時は強く、或る時は優しく説き諭して、光明の道に導き入れるのであります」（『神は沈黙していない』より）

だから只単なる現世利益だけを与えて、それでよしとしているようなものは、霊覚者の中にはいないのだ、と説いている。

霊能者について

凡夫性を脱皮して、光明身そのもの、自由自在心そのものに成るまで、人は経験のためにさまざまな道を通る。さまざまな道の中に、霊能という道がある。そして霊能者と言われる人たちがいる。

霊能者にも二種類あって、生まれながらそういう能力を持っている人と、修行中にそういう能力をつけた人とがある。

霊能というのは、肉体人間が感じない存在を感じたり、見たり、聞いたりする能力のことである。神秘力とも言われている。これは大変蠱惑《こわく》的な魅力を持つものである。一方で拒否しながら、一方では、魅かれるというもので、その修行の道に踏みこんで、しまった！　と思うようなものらしい。

霊能力者という人々は、霊覚者のように、宇宙神のみ心そのままに動いている人ではないのだ、と五井先生はおっしゃっている。

運命の予言や病気治しが出来たり、人の想いがわかったり、肉眼で見えない世界が見えたりという能力があったとしても、そうした能力が相手の本心開発を遅らせる、自我欲望達成のためだけの道具となるようだったら、霊能者自身も、相手の人も不幸であるばかりでなく、人類世界の進歩も遅らせるからだ、と五井先生はおっしゃり、霊能者と霊覚者とを混同せず、はっきりと分けて考えなければいけない、と警告している。

しかし「人格の秀《すぐ》れた霊能者という者は、これからの時代にはなくてはならない人なのです」と五井先生は霊能者に期待をかけている。

そして「霊能に秀《ひい》でた人々は、ますます魂を磨いて、宇宙神のみ心をそのまま行為にうつせるような、立派な人格に自己を高めることが大事でありまして、人格の伴わない霊能力だけではその人の終末は不幸になってしまいます」と霊能者が自分の人格を高め上げ、磨き上げることを進言している。

人格に秀でた人に成るためには、どうすればよいのか？　その最大の条件は「愛の深さ」※だと先生は説く。何故かというと「愛が深いということは魂の清さ高さを端的に現わしているから」で霊能の第一番は「自己を深めたい、人を救いたい、人の為に働きたい、人類の平和の為に全力をあげたい、など、常に自己の力を他に捧げたい、という愛の心が根本」で、そうした慈愛が根本になって開発された霊能力なら人類の進歩向上、宇宙神のみ心を地に成就させるのに役立つ能力となるからである。（※『白光への道』より）

しかし、いかに深い愛を持っていても、霊視、霊聴、霊言を審神《さにわ》せず、ただやたらに信じて、すぐ有頂天になってみたり、すぐ人に告げてみたりする軽卒さでは、守護神はその人に及第点は与えない、という。

霊能者には深い愛と同時に、深い洞察力が必要なのである。その深い洞察力はどこから出てくるかというと、下座につこう、という謙虚さからである、と五井先生はおっしゃる。

深い洞察力がどうしても自分にないと思ったら、出てくる霊能を徹底的に否定することだとも、先生はおっしゃる。うかうかと霊言霊聴霊視にのらず〝消えてゆく姿である〟と否定することだという。

一番危険性のない方法は、出てくる霊能力に把われず、守護霊守護神の加護を願いつつ〝わが天命を完うせしめ給え〟とひたすら祈りつづけることだ、とも助言されている。

否定して否定して否定しつくして、空《くう》にしても、なおかつどうしても消えない霊視霊言霊聴であったら、それを真実のものと判断したらいい。

〝わが天命を完うせしめ給え〟と祈りつづけていて、霊能力なるものを天に返しつづけていさえすれば、霊能になる天命のものならば、必ず人格の秀れた善き霊能者として、社会や世界人類のために守護神は働かして下さる。

その人に霊能が必要でないものならば、直感力となって、その天命を完うするのに益するようになるだろう、ともおっしゃっている。

そして「真の霊能はすべて守護神の指導によるものであり、外道的霊能は幽界の悟っていない不良霊魂の肉体界への興味本位の働きによるもの」(『白光への道』より)と断定していらっしゃる。

以上のようなことから、人格秀れた霊能者になるには、世界平和の祈りを常に祈っていることが一番だ、というのが、五井先生の結論である。それはどういうわけかと言うと、人間は肉体の他に幽体とか霊体とか神体とかいう体を同時に持っているのであり、人間の想念波動が常に、どの体の中を一番多くの時間巡っているか、滞在しているかによって、その人の人格が定まり、運命が定まってくるからである。

「その人の想念波動が常に神体の中を巡っている人は、高い人格者であり、神人合一の境地のいわゆる霊覚者にもなり得るのです。そこで私はいつでも守護霊さん守護神さんに感謝を捧げつつ、世界平和の祈りをしていなさい」（『神は沈黙していない』より）ということになってくるのである。

心ある多くの霊能者が秀れたその素質を発揮し、ついに神人合一の境地に導き上げるのは、世界平和の祈りである。一般大衆の人々が凡夫性の想いを、ついに神のみ心の中に融けこませて、神のみ心そのままの生活にさせてゆくのも、世界平和の祈りである。

多くの霊覚者が地から湧くように出現すれば、宇宙神のみ心の実現成就は、そんな遠い日のことではない。

霊能者がその才能を、宇宙神のみ心に沿った方向に発揮してゆけば、死後の世界のことも、前生過去世のことも、また他界の先輩たち、祖先たち、あるいは他の星の存在者の存在も明らかになり、人間という存在の幅がグーンとひろがってくる。人々は示される新しい事実に目を見はり、地球の未来、自分の将来に、限りない希望を持てるようになるだろう。

第十一章　宗教は「空《くう》」より出《い》づる

宗教の第一歩は「空」

「宗教というのは、空《くう》になったところから初めて第一歩が踏み出される」

この先生の言葉が出てくるのには、その前後の説明的なお話があったと思うのだが、私はこの短い言葉を聞いた時、何かわからないけれど胸打たれ「そうだ！」と思って記憶したのだと思う。

そして翌日それが記憶の中から再生された時、前後の説明のお話のようなものは、私の中で省略されてしまって、この短い言葉だけが文章に残され『如是我聞』として発表した。『如是我聞』の短い言葉、文章はみなそうしたもので、五井先生の何気ないお話が一旦、私の意識の中に感動とともに記録され、それがやがて顕在意識に浮び上がって、言葉や文章として甦っている。

時間がたってしまうと、どうしてこの言葉が導き出されてきたのか、どうして生れてきたのか、そういう経緯はわからなくなり、記録として残された言葉だけになる。しかし言葉や文章とともに、そこに私の感動や感銘の想いは残されている。

空になったところから初めて宗教というのが始まる、という意味は、今になってその深さがわかって来た。

空という境地を得ることは大変なことだ。すごい修行が必要である。すべてを神のみ心と受け取り、有難うございますと想えることが全託の心境であるけれど、そうした境地になるまでには、素質の違いもあって相当の年月がかかる。あるいは今生では到達し得ない境地かも知れない。

神を信じ、佛を信じ、感謝し祈りつづけるということが宗教と思っていたのは、まだまだ浅い宗教観であったのだ。

そうしたすごい内容の話、宗教の本質、エッセンスともいうべきお話を拝聴した際は、よく理解できなくとも、直感的にこれだ！　と私は感じたのだと思う。

いい加減に聞いていれば、右から左に流れて消えていってしまうのが言葉だが、何か心の中に求めているものが常にあり、先生の片言隻句をも記憶して書き残し、多くの人々に知らせたい、という使命感のようなものがあった私には、聞き逃がせない言葉であったのだ。

私は機械ではないから、全く内容が理解できないものでは、そこに感銘も感動も起こらないから、記憶しようという心が出てこない。その時、私も多少なりに理解したのだ、これはすごい真理の言葉だと。

宗教というものは根本の教え、神仏（絶対者）からの救済のひびき、愛のひびきであるから、地上でそれを受け取る者があって、はじめて成り立つものである。地上で受け取る者が、「空」という状態でなければ、受け取る側の者の想いに染まってしまって、絶対者のひびきはどこか歪められてしまう。だから受け取る側が空という心境にならなければ、無念無想、無心という状態になっていなければ、受けとったひびきに地上の人間の我意が入って、正しいものとは言えなくなる。

人間側に私利私欲、いわゆる業想念という欲望や不安、恐怖、怒り、不幸、不満等という想いが一片だにあったら、神仏という絶対者のひびきをこの世に伝えることは出来ない。業想念によって、肉体人間の都合のいいように、勝手に歪められてしまうからだ。というよりも、神仏の深い心と交流が出来ない。

だから、宗教というものは、空《くう》になったところから初めて第一歩が踏み出されるものである、ということになる。空《くう》という心境から出発したものでなければ、いかに宗教と名乗ろうと、宗教という名の団体を組織しようと、いかに奇蹟をあげようと、また理論精緻であろうと、その活動は宗教とは違う宗教以前のものなのである。

神と人間との関係を明らかにする

「宗教とは、神仏（絶対者）と人間との関係を説き教え、明らかにする道である、と解釈する」と五井先生は自著『神と人間』の中で述べておられる。

神と人間との関係とは何か？　簡単にいうと、人間は本来神の子、神の分霊であって、つきつめれば神そのものでもある、ということ。「その事実、真理を体験することこそが宗教というものの根本の道である」と別のところで先生は説かれている。

これは五井先生の実体験から出た言葉である。先生は人間の神性を追求し、空になって、直接体験として神を見、神を知り、神と一体になった。つまり自己の本体を把握したのである。そして神とは自分の本体であり、天とは自己の内奥の世界であり、真我というものはその内奥の世界の光そのものである、ということをはっきり知った。

真我の我《われ》というのは神であり、調和であり、自由自在心そのものであり、慈愛である、ということも知った。

この直接体験から「空」というのは「空」そのもので終るのではなく、「空」というのは幕を切り落したようなもので、その瞬間、真実の世界、真実の我《われ》がこの現象の我と合体して、神我一体の我《われ》、真我が出現してくるのだ、と先生は覚知した。

衆生の済度《さいど》は成就している

つまり五井先生の教えは、ご自身の空観《くうかん》という体験を通して、絶対者、神、仏、大生命と一つになり、その救いのひびきを直接受けとめ、自分の中でいかにしたら一般大衆が救われるか、どう説いたら理解できるのか、と深く思索をめぐらされ、その中味を完全に消化したその結果生まれたものである。

法蔵菩薩は衆生を救うために、四十八の誓願をたてた。そして五劫《ごこう》という長い長いとてつもなく長い間、思索に思索を重ね、禅定統一し、祈り、自我の想いをすべて仏さまに返還した時、アミダ如来となられたと言う。どの仏もどの如来も、この地上にあって、一般衆生を救い上げるために、いかに導き、いかに説いてゆけばよいか、その最良最善の道を思索するのである。長い期間にわたって省《かえり》み、自己を厳しく点検し、熟慮して熟慮した結果「よし、これで衆生は済度《さいど》出来る」と確信して覚者は起ち上がる。

だから起ち上がって教えを説く時には、すでに一般大衆は救われを保証され、神、仏如来の救いは成就しているのだ。

無名と有名と天命

老子は『名の名とすべきは、常の名にあらず。無名は天地の始めなり。有名は万物の母なり』と言っている。五井先生は自著『老子講義』の中で次のように説いている。

「この世に生まれ、この世の組織の中に生活していますと、種々と名をもつわけですが、そうした現れの名というものは、実は真実の名ではなく、現れの奥に、その人やその組織の真実の名がかくされているのです。その名とは天命というものなのです。天命の一つの現れが、この世の名として現わされているのですから、現れの名の方にばかり気を取られて生きている人は、真実の名を現わすことは出来ない、というのです。

無名というのは、宇宙万物を創りなす根源の力、相対的な何もの何ごとも現われ出でぬ以前の、すべての働きの根源の創造力そのもののことであります。相対に現われぬ根源の力であり、絶対なる生みの力でありますから、何ものもその力に対して名をつけることは出来ません。

この創造力、絶対力、宇宙に充ち充ちるものを、人類がはじまってから、宇宙神とか、大生命とは、絶対者とか、創造主とか、道とか種々と名をつけたのであります。――中略――

この無名が、何々という名をつけて来ますと、これは無名ではなく、神そのものではなく、神の現れとしての存在となってくるのです」

純粋なる愛と空の人

名がつくと、神そのものではなく、神の現れとしての存在、また働きとなってくる、というわけである。仏教だ、キリスト教だ、何々教だと名がつくと、宗教そのものではなく、神々のさまざまな働きを示す道となってくる。だから仏陀の説いた教え、キリストの説いた教え、五井先生の説いた教えということになる。

仏陀は空になった。キリストは神と一体となった。五井先生は空観を通して神と一体となった。そして各自教えを説かれはじめた。

聖者と言われる方々には小我はない。大我という自己の本体たる光明と一体となられた方々である。

聖者にも大聖と小聖がある。それは老子講義の中で、五井先生が指摘されているように、天命の相違によるものであろう。

空にも深浅があり、悟りにも大小がある。この世に現われると、その過程においては段階がつくようだ。その段階は何によってつくられるのかというと、自己欲望の放棄いかんによるという。

自己欲望の放棄とは「空」になることであり、神へ全託することである。それは真摯《しんし》なる愛の祈りから生まれる。「愛深い私にならしめ給え」という祈りは光である。「世界人類が平和でありますように」という祈りは、最高の愛の祈りである。自己放棄の祈りである。「純粋な愛は自己の想念停止（無我）と同じであるから、本源の光がその人を通して相手に流れ入るのである。愛の純粋さの程度に従って、光の強さが違ってくる」と先生は『神と人間』の中で書かれている。私たちは「空」とか「全託」とかむずかしい難行が出来なくとも「愛深い私にならしめ給え」と一生懸命祈ることによって、「世界人類が平和でありますように」という祈りの中に自分を投げ入れることによって、いつの間にか自我がむなしくなって、宇宙本源の光を人類に、個人に、世界に注ぎ入れる存在になっているのである。

まさに愛というのは神と人をつなぎ、人と人とを結ばせ、人と大自然をつないで調和させる働きがある。

宗教の働きを完成させるのは、愛の想いであり、言葉であり、行いである、と痛感する。

生きることそのままが宗教

「宗教というのは、根本の教え、真理の教えの基本ということであって、神仏そのものである、ということが云えるのです。

一人の人間がここに生きているということは、神の一つの分生命《わけいのち》がここにある、ということなのであります。ですから人間がここに生きているということそのものが、すでにそのまま宗教なのです。」(『宗教問答』より)

この五井先生の文章は、私の脳裡に焼きついてはなれない。

人間が一人ここに生きているということ、それは神の命が地上まで延長して来て、生きていることであるから、人間が生きていることそのものが、そのまま宗教なんだ、と先生はおっしゃる。この宗教観は先生の神観と人間観をそのまま現わしている。

人間は本来神の分霊であって、業生《ごうしょう》ではない、と提唱する先生の神と人間との関係が真実理解出来れば、誰も先生の宗教観をそのまま受け入れるであろう。しかし、ここまでハッキリとそれも簡単に提唱した人を私は寡聞《かぶん》にして知らない。先生が最初で最後かもしれない。

この地球上の人類のほとんどが、人間は目に見える肉体だけだと思っているから、人イコール神そのものということに、到底想い至らないだろうと思う。けれどここにこそ、宗教の本質である人間の真実の姿、神と人間との関係が明らかにされている。

地球人類のほとんどが先生の宗教観は思ってもみないこと、考えも及ばないことだから、人類はあらためて、神や仏を知ろう、真実の自由、真実の明るさ、安心、平和を得よう、と志すことになった。いろいろな宗教が現われ、各々自宗をやかましく広布するようになった。

しかしその宗派活動が、純真、素朴な信仰の道から、理論的、形式的あるいは超絶的修行方法の方向に、教えを持っていってしまったので、宗教というもの、信仰というものが一般大衆の日常生活から離れてしまって、専門化し、専門家の手にわたってしまった。

先生は「宗教が種々様々な形式を持つということは、本当は不必要なことなんだ」とおっしゃる。宗教が種々様々な礼拝形式、儀式形式を持ち、様々な理論、様々な修行方法を持つ以上は、どうしても一般大衆の日常生活と相容れないもの、生活とは乖離《かいり》するものが出てくる。修行者と在家信者、僧侶や学者と一般信者、という相対的な形式がどうしても生まれてきてしまう。

この両者の間は歳月がたつにつれて、ますますはなれて、宗教家という専門家が出てくる。

一般大衆の心の中から、むずかしいことは専門家にまかせておけばいい、という気持が生まれ、宗教心、宗教精神が薄れて来てしまい、自分自身がきわめようとしなくなる傾向が生じたように思う。

「宗教とは哲学ではない。宗教とは教団や教会や伽藍ではなく、組織でもない。宗教とは、人間が神仏にそのままつながっている生命《いのち》であることを、自覚させる行《ぎょう》であり、教えである」

とは先生の名言である。

宗教というものは、面倒なわずらわしいものでなく、単純で素朴で簡単なものだ、というのが先生の持論である。そういう考えのもとに先生は私たちに接して下さった。

それはどういうことかというと、宗教というのは、人間が神の分生命《わけいのち》であり、神の子であることを覚知することなのだから、自分を生かしてくれている、すべての神の現われに対して、たゆみない感謝、限りない感謝を捧げつづけることなんだ、と言うのだ。

「宗教とは、素直に素朴に〝有難うございます〟と、神仏への感謝を捧げることでありま す」とおっしゃるのだから、そこにはなんの修行形式も礼拝形式もいらない。

日常生活になんの支障も生じさせることなく、誰もが出来る行いである。こういう宗教であれば、どんな職業に属し、どんな商売にたずさわっていても、日常生活そのままで、宗教信仰行為が出来るわけである。

宗教と生活がはなればなれになっているようでは、日常生活の中に宗教、つまり神仏のみ心が生きてこない。

神仏のみ心、教えが生きてこない、ということは、神仏と人間との関係がいつまでたっても、離ればなれになっているということである。

宗教は宗教、生活は生活というのでは、この地上世界に神仏の世界は現われてこない。人類世界に真の平和は実現しないことになる。

日々の生活の中に、すんなりと無理なく自然に宗教がなじんで、はじめて人間に神のみ心が現われ、人間は神の子と宣言できるわけである。

人と人とは争うことなく、愛し合いゆるし合って、安心した平和な生活を送れるのである。宗派と宗派とが争うなどという、そんな愚かな行為も消滅する。

宗教を法学者とか、宗教学者とか、専門職のものにいつまでもしておくのではなく、宗教信仰者一人一人が宗教の意義、意味を自覚し、生活即宗教、信仰即生活と日々の生活の中で、素朴に純真に神仏のみ心を現わしてゆくことが、一番である。

それはまた宗祖や祖師方の切に望むところでもある。

未来社会において、いわゆる宗教家はその使命を終え、まず姿を消すであろう。

神さま仏さま有難うございます、天地一切の万物さん有難うございます、という素朴でシンプルな行いこそ、神仏と人を合体させ、人と人とを結び、天地万物一切の存在と人とを調和させ、地球人類に完全平和をもたらす、超常的行為である。

第十二章　地球自然界での人間の力と位置

はじめに各種創造主を創り給う

普通、創造主と言えば、一人だと思っている。それが宇宙神と思っている。しかし五井先生の宇宙創成説から言うと、それは違ってくる。

宇宙神というのはすべてのすべてであり、無限そのものである。無限の光、無限の叡智、無限の生命とそれは表現される。

無限がそのまま動いたとしても、無限はいつまでも無限であって、動きようがないから有限にはならない。

宇宙神そのものが、神そのままの姿で動いたとしても、神そのものであって変りなく、宇宙神以外に形の世界は何も現われてはこない。

「一がいくら動いてもやはり一つなのだ。無限が幾つかの有限になり、一が二になり四にならなければ、形の世界は創造されない」、そこで「宇宙神が或る時、突然、その統一していた光を各種各様相に異なった光として放射した。その時から神の創造活動が始められた」と五井先生は『神と人間』で説明されている。

宇宙神はまずみずからを各種の光に分け、いろいろな創造主をつくった。

ある創造主は鉱物界を創造し、ある創造主は植物界を創造し、ある創造主は動物界を創造した。

『神と人間』では海霊《だま》、山霊《だま》、木霊《こだま》、動物を創造する霊と表現している。最後に、直霊とよばれる七種の光が人間界を創造した、となっている。

鉱物、植物、動物はそれぞれ創造主がいて、その創造主が創造したものである。山霊、海霊、木霊、動物を創造する霊によってつくられたもので、被造物である。つまり創造する者が別にある、ということである。

創造主がそのまま人間となった

しかし人間は違って被造物ではなく、創造主は別に存在するのではなく、創造主がそのまま、宇宙神の光がそのまま分かれて個別的生命になり、人間になっている。

人間はだから、自分自身が創造主であり、肉体界においてたゆまざる自己創造をなしつづけているものなのである。

肉体だけを見ていると、大いなる生命力によって創られたことになるけれど、真の人間が鉱物界、植物界、動物界の協力を得て、肉体を創ったものなのだ、と五井先生はおっしゃる。

そこで五井先生は次のように説かれた。

「動物を創った創造主、植物を創った創造主、鉱物を創った創造主、水や空気を創った創造主と人間とは同じ立場にあるのです」

人間を肉体を主として考えると、この五井先生のお言葉はわからないだろう。しかし人間は神の分霊、神の光の一筋という本体論から見ると「そうなんだ、そうだったのだ」と肯定できるのである。

だから人間の本来の姿は、人間内部において自己創造をなしつづける創造主である、と自覚できれば、各界の創造主と協力して、その創造力を使って、この地球世界をどんなにでも創造進化できるということだ。

人間を中心にして人間に与えられている無限なる叡知、無限なる力を発揮していけば、この地球世界に完全平和を実現でき、人間と自然界とが大調和した素晴らしい地球に創り上げられる。そしてさらに素晴しい星に成長させることが出来る。

この短い五井先生の説に、人間の重大なる役割が秘められていると思うのである。

人間に内在する自己創造力

宇宙創造の神の光が、そのまま個別に分かれて人間になり、肉体内部にあってたゆまざる自己創造をなしつづけている創造者が、人間であるということは、鉱物、植物、動物をそれぞれ創造し司る各創造主と人間は、常に連携しあって、人間の肉体を使って、宇宙創造の神の創造進化を、地球上において常に成しつづけているものである、ということになる。

自己創造の「自己」とは肉体のことではなく、宇宙神のこと、直霊分霊のことである。「創造しつづける」ということは、みずからが創造したこの宇宙、この地球という星の上に、神のみ心である叡知、愛、光、無限なるいのち、無限なるエネルギーを現わしつづけてゆく、進化向上させつづけてゆく、ということである。

簡単に言うと、この肉体を通して、地球に完全なる平和をつくり上げてゆく、ということである。

となると、今、この地球上に肉体を持って生き、神である自分を自覚しつつある人間というものの、その存在価値はたとえようもなく大きいし、高いものである。大自然より、地球よりも大きいものである。

人間はこの世界のどこに位置するか

肉体を持った人間は、動物、植物、鉱物、空気、水なくしては一日として生きていかれない。人間はひとりで生きているのではなく、肉体を創造した時の原理を思い出せば、地球と自然界の生物、無生物との協力によって、力添えによって生きるようになっている。

それを肉体人間ひとりで生きている、と考え違いを起こしたところから、山川草木、動物などの生存をおびやかし、海や大地や空気や水との調和をこわしはじめた。

生かし支えてくれるものに対しての感謝を忘れ、一方的に人間の生活の便利さを追求するあまり、地球世界のガン細胞とまで言われてしまった。

五井先生をはじめ、宗教的に目覚めた人々はあらためて、肉体をはじめとして肉体を支え生かしてくれている地球自然界に、過去世からの人間の間違った行為を謝罪し、感謝を世界平和の祈りとともに、真剣に捧げるよう人々にすすめた。

祈り感謝をする、ということは、神の自己創造の一端である。

さまざまな印を組むことも、神の自己創造の働きである。

五井先生は『白光への道』で説いている。

「すべての存在はそれぞれの役目をもって、この世界に場を占めている。その中で、人間はこの世界の中心者として存在しているのである」

とこの世界の人間の位置を明らかにしている。

中心者としての使命と責任に目覚めよ

「鉱物、植物、動物等々に、あらゆる神の顕現たるその機能、性能をそれぞれ生かして、完全円満なる地上世界創造の為に働くことこそ、人間すべてに荷せられたる尊い使命であり、責任である」

また、

「この世界は神のみ心を顕現する場所で、神の姿を完全に映し出そうとしてこの世界がある。その中心者として、大自然のそれぞれの働きの統率者として、人間は生きているのだ」

中心者ということを、二度三度と繰り返しているくらい、人間の働きの大きさを五井先生は説いている。

人間がこの地球世界の中心者、統率者、責任者ということに目覚めなければ、この地球世界は変わらない、ということだ。

まず人間が、この自然界において最高の位置にあり、その重い責任を自覚することで、そこから平和の問題も、環境の問題も始めなければらちがあかない。

この地上に肉体も持って生きていることの意義を明らかにし、その使命を充分に発揮する時は、今をおいて他にはないと思う。

今日「祈りによる世界平和運動」の根拠地となった富士聖地は平和を願う世界の人々が交流する場、そして高次元の光と交流する場。ここから地球の輝かしい未来が創造されてゆく聖なる場所である

第十三章

世界平和の祈りを祈る地球人と守護の神霊団体と宇宙天使群との三者一体による平和実現

守護霊守護神の愛なくして

五井先生は理想を現実にいかにして現わせるか、現わそうか、に一生をかけられた。

五井先生の理想とは、世界人類の完全平和である。戦争のない世界、病気や不幸や苦悩のない世界、天変地異のない世界、争いや憎悪や悲哀や恨み、といった想念の全く消滅した、平和な調和した安心した悦びの世界、つまり神のみ心である愛と真と善と美、のみの世界である。

その理想実現の追求が先生をして、宗教への道を進ましめた。

五井先生はある時期、戦後のことだが、中央労働学園出版部に務めた。そこは唯物論世界の真只中で、毎日のように労働組合の煽動によるストライキの報告、資本家打倒のエネルギーが渦巻く世界だった。調和主義の先生が闘争の只中に置かれたのも、神の計画だった。そこで共産党、社会党そして労働組合の運動の在り方をまざ〳〵と見たし、肌に感じた。唯物論を頭でも、肌でも学んだ。

先生の本質が精神求道者として、神を探求し、神を直接把握することにあったので、先生をして、社会運動には走らせず、宗教活動に身を投じさせた。その宗教も観念論に秀れた生長の家であった。

罪なし、物質なし、病なし、不幸なしと般若心経のように無無無、空空空とすべての現象を打ち消し、人間の本質たる神の子、神そのものの姿である完全円満性だけを認める理論を打ち出した生長の家だった。

そこで先生は人間の真実の姿を理論として理解し、よく知った。その上で、知行一致を目指して、心で体で魂で、神の子完全円満を体験すべく、修行にみずから飛びこんだ。

これは天命があったから完成出来たわけであるが、天命がなかったら、想念停止という修行の中で、精神分裂者となり、みずからの生活を破綻せしめていたであろう。天命があるとは、守護の神霊界からの指導があるということである。

その守護神側の指導とは是が非でも、短かい時間でもって、そうしないと間に合わないからという切羽《せっぱ》詰ったような感じで、五井先生という器を仕上げようとしたのである。

守護霊、守護神の指導なくして、誰一人としてその使命を完う出来ない。名誉欲、権勢欲、虚栄、自我を顕示したいという自我欲望から発したものであれば、その修行は守護霊守護神とは波長が合わぬから、その結果、その行末は中途半端で終ってしまい、人格のゆがんだ、ある種の力はあるかもしれないが、変な臭《くさ》みのある行者もどきになってしまうだろう。

誰でも背後の守護霊守護神の神智、神愛、神力の発動があって、その修行もその人格もその人生も、完成されるのである。

守護霊守護神の愛の発動を無視した修行、愛の発動から外れた修行は、人を傷める。人を滅ぼすことになる。のみならず多くの人々に悪い影響を与える。

そうしたことを五井先生はみずからの修行体験中にも、修行後にも、よくよく感じられて、私たちに、人間一人一人についている守護霊の存在と、守護霊の働きを説かれ教え、更に守護霊の上位にある守護神の存在を説き明かして、その昼夜をわかたぬ指導と行動に、意識を向けるためにも、まず守護霊への感謝、守護神への感謝を私たちにすすめた。

守護霊守護神への感謝をして、その人の生業《なりわい》、つまり生活のための職業に一生懸命取り組んでいれば、その人はいつか神我一体の境地になれる、と説いた。

色即是空から空即是色へ

五井先生は守護神団の厳しい指導の下、自身の修行を完成させ、己れの想念のすべてを神に返えし、自分の本体、直霊と合体された。己れを全く空《くう》にして、そしてすべてを知り得る者となったのである。

肉体人間智、肉体人間愛をも神へ返上し、捧げつくして、肉体人間観から全く光そのものとなったのである。

色即是空《しきそくぜくう》を通過し、空即是色《くうそくぜしき》の世界に入って、すべてが光であり、すべてが神のみ心の現われであると知った。

生長の家で説いている、肉体なし、物質なし、病なし、不幸なし、業想念なしは、真実のことである、と体験を通して覚知した。

それ以後、日常生活は神のみ心のままに生き、神のみ心のまま、自然法爾に活動したのである。

五井先生の修行を完成させたのは、守護霊守護神、とくに守護神の厳しい愛の指導にあることは論をまたないが、それより肉体を持った人間として、世界人類、日本国民、人間一人一人がいかにしたら幸福になれるか、いかにしたら世界が平和になるか、苦しみ悩み悲しむ一人一人への人間の愛、祖国日本への愛、地球人類への限りない慈愛が、先生の中に燃えたぎっていたからである。

この愛と神への信、つまり神さまへの絶対なる信頼、神の子である人間を絶対に悪くしっこない、ましてや神にいのちを捧げ、すべてを捧げた人間を、絶対に悪くするはずがない、絶対に立派にしてくれる、光り輝ける者とさせる、という神の大愛への確信が、五井先生をして数々のきびしいハードルを越えさせたのである。

先生はよく知っていた

先生の心の中、先生の意識の中には、人間を愛する愛、日本を愛する祖国愛、人類を愛する人類愛しかなかった。

自分というのはすでにないのであるから、心の中に人類が、国々が祖国が、人々が存在し、その人々を平安にしてあげよう、という慈愛しかなかったのである。

五井先生は一つの宗教の道を開いた人、と世間は見ているし、信者と言われる人々はそう思っているだろう。しかし、五井先生は普通の宗教者とは違っていた。神のみ心がすでに成就している天を見、そしてこの現実の国と国とのエゴのぶつかりあう、滅亡しかねない様相を呈する地球世界を冷静に見つめ、なおかつ幽界という世界における、地球滅亡の姿もごらんになる複眼の持ち主だった。

人間の本体の素晴しさと同時に、人間とその集団たる人類の業想念の凄まじさも観じていたのである。

だから只単なる説教、説法、只単なる儀式、言葉だけの祈りに、力のないことをご存知だった。滔々と流れる人類の業想念の前に、肉体人間はまったくと言っていい程、力がないことをよく知っていた。

「今日では、単なる説法はその時の感激だけで、それ程、その人々の魂を浄め去ることは出来ないのです。ですから私は黙っていても相手の霊魂を浄めてしまう、光明波動を伝えることに重点をおいているのであり、統一会などはその最もなる例なのです。

波動というものは不思議なもので、言葉でしゃべらなくても、自然に相手に伝わってゆくのです。ふつうに雰囲気といわれているものなのであります。私から伝わる光明波動は非常に強力で、千人近い人々に一様に伝わってゆくのです」（『人類の未来』より）

とおっしゃっている。

魂力を発動する超人であれ

説法に酔ってしまうと、自分が実行出来もしないことを、さも簡単に出来るように説いてしまう。説法、説教には興味本位に宗教理論をもてあそぶ、という危険性がつきまとうのである。その危険性に流されて、いつの間にか自己満足に終ってしまい、自分の説く言葉はすごいだろう、という自慢が出て、人々を救うという本質からはずれたものになってしまう。そんな説法で人を救えるわけがない。第一説法している本人が救われていない。自分が救われている人の説く話は、短かくとも、言葉が拙《まず》くとも、とつとつとしたしゃべり方でも、その言葉に信念と感謝があふれているから、人々は言葉よりその厚い信仰心と神への感謝の心に揺り動かされるのである。

「これからの世界は超人でなければ処理してゆけない。言葉でもっていちいち説得するというより、雰囲気で相手を圧するような猛烈な迫力をもった人、西郷さんのような人が出なければ」（『続々如是我聞』より）

と五井先生はおっしゃる。極端な言葉にとられるかもしれないが、内からあふれ出てくるその人の魂力というか、悟りの力というかそうした力が、相手に対して圧倒的な圧力、迫力となってせまり、人をしておのずから納得させてしまう。それがこれからの在り方である、と先生は言う。つまり超人であれ、ということだ。

たとえば剣の道の奥義に達した人からは、言葉ならぬ気の力というか、魂の力オーラの力があふれ出て、戦わずして自然と人を圧し、人を従わせてしまうようなものである。

これからそういう時代が来るし、世界平和を祈る人々にそういう迫力、気迫が必要である、とそういう意味で、五井先生はおっしゃったものだと思う。正義と平和を貫くために、私たちには是非とも必要なものであろう。

大国が平和を導くのではない

ＮＰＴは「核不拡散条約」の英語略称で、この条約は一九六三年に国連で採択された。当時の核保有国であるアメリカ、ソ連（現在ロシア）、イギリス、フランス、中国の五ヵ国のみに核兵器保有の権利を認め、その他の国には保有を禁じている。まことに不平等な条約である。しかし「ＮＰＴは、核保有国が核兵器を他国に譲渡することを禁止すると同時に、『誠実に』核軍縮交渉を行なう義務を課している。ただ、これまで部分的に核軍縮が行なわれたことがあるが、核保有国は核兵器を全面的に手放す気はないようだ」（白光出版・月刊紙「世界平和の祈り」平成二十二年七月十五日発行「NPT」より）

まことに大国エゴ丸出しの条約であり、こんな条約が国連ではまかり通っているのだ。「汝の敵を愛せよ」「右の頬を打たれたら左の頬もさし出せ」「剣をもって立つものは剣によって亡びる」というキリストの真理の言葉の教えとは、個人では出来たとしても、国と国、グループとグループ間のことになると、国の利害、グループの都合で、まるでホゴ同然というより、全く問題視されない。

こんな状態は今さら言うまでもなく、第二次大戦終了後もズーッとつづき、世界人類の完全平和、世界各国間の調和というのは、いまだ夢のまた夢である。しかし五井先生は、今までの肉体人間観では、どうしてもそうなることは判っているので、それを打破するためにどうしたらよいか、宗教面の人類の業想念の浄めと、祈りによる世界平和運動という、人類の想いを世界平和という目的一つにまとめることによって起こってくる意識の開明、とは別にその道を探っておられた。

宇宙人は我らの祖先

その道が宇宙人との交流、という所から開けて来たのであった。白光誌昭和三十一年六月号その巻頭言で、五井先生はチラッとそれを匂わせている。少し長くなるけれど、その全文をご紹介する。

星は輝いている

「日中には太陽の光に隠れて見えぬが、夜空に絢爛《けんらん》と輝く星の群は、人間に様々な想いを抱かせる。

夢を、理想を、希望を、感傷を、そして、果しらぬ大空の、計り知れない叡智と、そのロマンは、人間の心に知らずして大きな影響を与える。

星は生きている。確かに、星の群は、その一つ一つが、太陽のように、地球のように生々と活動している、と私は思っている。

人間は、最初に星の世界から天降って来たのだ、という説が諸々にある。私もそう思っている一人である。

星と人間との密接な関係を、世の人々は知らない。太陽と人間とが深い関係をもつ事は誰れでも知っているが、星と人間との密接な関係を知る人は甚だ尠い。

星は、地球界に人間を生みなして以来、常に人間界の運命のすべてを眺めつづけていた。星の世界に住む、我等の祖先は、この地球界に、それとなく援助の力（光）を送りつづけていたが、人間界の大半は、その事実を知りもしなければ、考えてもみないでいた。

然し、次第に、そうした事実が、明るみに出る時節が近づいて来た。地球世界の人間集団の白痴に等しい生き方が、遂いに自分たちを滅亡させる方向に、急激に走りはじめたからである。

このまま肉体人間に任せていて、この地球世界が平和になり調和になる、と断言出来る人が何処にあるだろう。

原水爆のたえざる製造と、思想的謀略との戦いの中に、平和や、調和の影が見られる訳がない。只、お互いに自分たちの有利な理由を見つけ出そうとして暗躍している時間が、平和になるかな、と無智な人々に思えるだけなのだ。智慧ある人たちの力は弱く、真理に暗い人間たちの魔力は強い。

此の地球を救う者は一体誰なのか？　何処《いづこ》から来《きた》るのか？　それは、やがて判明する。時期が近づいたからだ。

私は黙って宇宙神に祈りを捧げている。世界が平和でありますように、人類が平和でありますように、と私の同志たちも守護の神霊に祈りつづけている。

空飛ぶ円盤が東京の空を飛んでゆくのを多くの人たちが見たと云う。私たちは救世の悲願を祈りに籠めている。救世主は一体何処から来る？」

地球を救うのは星の世界に住む、我らの先祖（宇宙人）である、という。それとなく星に住む祖先はこの地球に、救助の力（光）を送りつづけていたが、人間界の大半はその事実も知らなければ、考えてもみなかった。けれどその真実、事実が明るみに出る時節が来た。時期が近づいた、とこの短かい文章の中で繰り返し五井先生はおっしゃっている。

この「星は輝いている」という短文を、よくよく読み返してみると、そこには星と人間との密接な関係、星から人間が地球に天降って来て、それが地球人類の始祖である、という誕生譚を知ることが出来る。ただ星がどこの星かわからない。神話で言うタカアマハラという星かもしれない。

統一行による宇宙人との交流

はじめのうちは、宇宙人との交流はひそかにすすめられていたのであるが、昭和三十二年の暮頃からだんだん表面化して、昭和三十三年一月、聖ヶ丘を市川市中国分に探し当てて以来、十名くらいのグループで週一回、暁の祈りがなされるようになり、五井先生のご指導を頂くようになって、暁の祈りは宇宙人との交流ということが主目的になって来た。

この交流は興味本位のものでなく、名誉欲や権勢欲その他、一切の邪念雑念を世界平和の祈りの中に投げ入れる「空《くう》」の統一行であった。メンバーは宇宙人と等しい心の波長となるため、自己を空しくした心境、深い高い心を求めて統一に励んだ。

地球人と宇宙人（星の人類）との相違はどこにあるのか、五井先生の説明によるとこうだ。宇宙人は神霊がそのまま物質化している存在で、物質宇宙人は即座に神霊に還元することが出来る。しかし地球人は神霊がそのまま物質化しているのではなく、神霊の微妙な波動から幽質（幽体）の波動にひびきを粗《あら》くし、そして物質という最も粗い波動になって肉体人間となっている。

宇宙人は神霊の微妙な波動を幾分粗めただけで物質化（真実は幽質化）できるので、すべての点において、地球人よりはるかに自由自在な存在なのである。

地球界における白光真宏会の使命

この宇宙人との交流がどんどん進められ、深められていって、昭和三十三年六月、五井先生は次のようなことを公表されている。

「白光真宏会の使命として、宇宙人と提携して、日本を真実の日本にし、地球界を真実の地上天国にせしめる、という約束が出来ている。その宇宙人との約束を果そうと思って、私としては一生懸命祈っている。お山（聖ヶ丘）にて統一したりしている」（『高級霊《ハイスピリット》は上機嫌』より）

こう書いてゆくと、宇宙人との交流というのは、地球人より言いはじめたように思われるかもしれないが、五井先生のお言葉によるとそうではない。

「これは肉体人間の側から云いはじめたのではなく、宇宙人のほうから、私たちに縁を結んで来られ、種々と交流し始めたのであります。何故、宇宙人の方から縁を結んで来られたかと申しますと、私たちの世界平和の祈りの光の波が、宇宙人のもっている心の波と全く等しいひびきであったから、おのずと一つに結ばれたのであります」

それともう一つ忘れてはいけないことは、星の世界に住む宇宙人と私たちとは、祖先と子孫という密なる関係にあって、常に宇宙人は祖先として人間界に援助の光を送りつづけていた、という深いご縁がある、ということである。

これらのご縁があった上で、

「私どもの心の波はそのまま宇宙人の神霊的な光明波動と合致して、世界平和の祈りのグループを通しての、宇宙人の地球人類援護という約束が成立したのであります」（『人類の未来』より）

救世の大光明は、一つは守護霊守護神の大集団である救世主団となって現われ、一つは宇宙天使群となって地球と地球人類の完成に、力を注いで下さることになった。

宇宙人と言ったり、宇宙天使と言ったり、様々な表現を使っているが、私たちが交流している宇宙人は、釈尊よりもイエスよりも秀れた霊位の存在であるからして、宇宙神であり、天神である、と言った方がいいかもしれない。

「私たちは初めから神霊との交流によって働いているのであって、私はこの肉体のまま神霊そのものでもあるのです。ですから今更宇宙人でなくとも、神霊の物質化による援助でもよいと思っていたのであります。

ところが今日のように、宇宙人との交流をつづけておりますと、肉体人間と神霊と宇宙人と、この三者の協力がなければ、この地球人類が絶対に救われない、ということがわかってきたのであります。

もっとくわしく申しますと、肉体人間（物質界）を主体として、神霊界と、神霊界そのものの物質化というべき星の世界、つまり宇宙人との三者の協力ということになります」（『人類の未来』より）

空《くう》の中から現われる超科学

宗教は空《くう》になるところから始まる、と五井先生はおっしゃった。宇宙人との交流も空から始まるのである。お釈迦さまやキリストよりも秀れた霊位の存在は、生半可の立派さや、善良さだけでは波長が合わない。すべての想念を世界平和の祈りの中に投げ出して、やっとオーケーになるのだから、交流と一概に言っても生易しいものではない。常に厳しい無我無心の状態、つまり空が要求されるのである。

この空の中から超科学的能力が生まれて、宇宙子科学が誕生したのが、昭和三十七年六月のことであった。昌美先生が土台となり、五井先生の援護があって始められた。土台となるための昌美先生の修行というのは、これまたすさまじいものであった。しかしそれが成功し、宇宙子科学が発足したのである。これは五井先生のかねてからの念願が成就したもので、世界平和実現に対してより強い自信を先生は持った。

宇宙子科学という、地球科学から見たら超科学的能力が生まれ、はじめて地球と地球人類は救われる、完成されると五井先生は確信し、先生のよろこびは一入《ひとしお》のものであった。

宇宙人との交流、そして宇宙子科学の実現ということは、言うなれば現代の奇蹟というべきものであろう。

かねがね五井先生は、宇宙人の出現による超越力との協力、神霊の肉体化物質化、この二点があって、業想念で固まっている大国たちを抑える力が現われる、と言明されていた。それが先生の願いでもあった。

「私が願ったと云うより、宇宙の星の人々が、地球世界の無軌道ぶりを見るに見かねて、少しでも平和の地が地球世界に出来れば、われわれがそこに降りて、その地を根拠地として、その地の人々も協力して超大力を振るおうと、私たちの世界平和の祈りに感応して、あちらから通信して来たのであります」（『人類の未来』より）

いかなる武力をも抑え得る力を、宇宙の人々が発揮してくれるとしても「あくまでもこの

地球人類世界では、肉体人間が主であって、神人、霊人は常に背後の応援者であることを忘れてはいけない」（『神と人間』より）

だから地球人類である私たちは、守護神霊の強固なる集合体である救世の大光明、支援に感謝しつつ、全力をあげて世界平和実現のために生きなければならない。そのためにはまず世界平和の祈りの中にすべての想いを投げ入れ、空の境地、神のみ心そのままから再出発しなければならない。自己を磨き高め上げることが必要なのは言うまでもない。

あとがき

先に出版した『五井せんせい―わが師と歩み来たりし道』は数々のエピソードを通して、五井先生の生涯を描き出したつもりである。

本書は「五井先生はこのように説かれた」をテーマにして、前書の第二部として書いたものである。充分に先生の教えを説き明かし得なかった、というもどかしさが私にはある。

五井先生の〝神一元論〟を書きたかった。しかしむずかしくて書けなかった。この神一元論は先生しか説けないことだから、むずかしくても書かなくてはいけない。

〝自らを赦《ゆる》し、自らを愛す〟〝自分との調和〟という教えも、本書には収録できなかった。次の機会にゆずる。

今、それらを書き漏らしたと思われるものを、私の個人誌「五井先生研究」に書き始めている。

これが出来上がれば「五井先生」三部作となり、私の書き始めた初期の目的も達成できたか、と思っている。是非そういうチャンスを与えていただきたいと願うものである。

平成二十八年十二月

髙橋　英雄

五井昌久（ごいまさひさ）
1916年（大正5）年、東京に生まれる。1949（昭和24）年、神我一体を経験して覚者となる。1955年、白光真宏会を主宰、「祈りによる世界平和運動」を提唱して国内・国外に共鳴者多数。個人と人類が同時に救われる道を説き、悩める多くの人々の宗教的指導にあたる。また、各界の指導者に影響を与えた「五井会」を主宰し、合気道の創始者・植芝盛平翁や東洋哲学者の安岡正篤師とは肝胆相照らす仲であった。1980年に帰神（逝去）。著書に『神と人間』、『天と地をつなぐ者』、『小説阿難』、『老子講義』、『聖書講義』等多数。

髙橋英雄（たかはしひでお）
1932（昭和7）年、東京に生まれる。高校在学中に肺結核を発病。それが機縁で五井昌久先生に帰依。1954年、白光真宏会の月刊誌『白光』創刊に携わる。以来、白光真宏会の編集・出版に従事、編集長、出版局長、副理事長を歴任し、1999年退任。著書に『如是我聞』正、『武産合気』、『生命讃歌』、『五井せんせい――わが師と歩み来たりし道』ほか。

発行所案内
白光（びゃっこう）とは純粋無礙なる澄み清まった光、人間の高い境地から発する光をいう。白光真宏会出版本部は、この白光を自己のものとして働く菩薩心そのものの人間を育てるための出版物を世に送ることをその使命としている。この使命達成の一助として月刊誌『白光』を発行している。

白光真宏会出版本部ホームページ　http://www.byakkopress.ne.jp
白光真宏会ホームページ　http://www.byakko.or.jp

神のみ実在する――五井先生かく説き給う

2017年3月25日　初版

著　者　髙橋英雄

発行者　吉川　譲

発行所　白光真宏会出版本部
〒418-0102　静岡県富士宮市人穴812-1
電話 0544-29-5109　振替 00120-6-151348

白光真宏会出版本部東京出張所
〒101-0064　東京都千代田区猿楽町2-1-16　下平ビル4階
電話 03-5283-5798　FAX 03-5283-5799

印刷所　株式会社　明　徳

落丁・乱丁はお取り替えいたします。
定価はカバーに表示してあります。

ISBN978-4-89214-215-4 C0014